Abel Achiza

L'art du succès

Abel Achiza

L'art du succès

Éditions Vie

Imprint

Cover image: www.ingimage.com

Publisher:
Éditions Vie
is a trademark of
Dodo Books Indian Ocean Ltd., member of the OmniScriptum S.R.L Publishing group
str. A.Russo 15, of. 61, Chisinau-2068, Republic of Moldova Europe
Printed at: see last page
ISBN: 978-613-9-59061-2

Abel ACHIZA

L'ART DU SUCCES

Préface de Justin M. BAHIZIRE

Sommaire

Préface

Réussir est un art, et comme tout art, le succès demande une certaine harmonie et règles. Et tout succès part du développement personnel, car, à *quoi bon gagner le monde entier si on y perd son ame ?* Mais, vous remarquerez que, très rares sont les livres qui proposent une démarche méthodique et pratique en ce domaine.

De fois un manque d'espoir vous anime, vous vous demandez si vous allez y arriver, comment vous allez vous transformer, pourquoi telle ou telle difficulté vous arrive ; et bien, si vous allez vraiment réussir à réaliser ce qui est plus important pour vous, vos rêves.

L'auteur qui ne pouvait se résoudre un jour à la réalisation de ses rêves, après avoir parcouru un long chemin lui menant jusqu'aux défis qui l'ont transformé ; étale sa vie vers un processus de succès et de grande reconnaissance, par rapport aux hommes de grands esprits qui lui ont servi de mentor virtuel.

De même il était aussi important, pour lui, d'aborder les notions les plus modernes dans la quete du succès comme : ***le contrôle des pensées, la prise de décision, la fixation d'objectif, la planification, l'abandon de certaines personnes et habitudes, la gestion du temps, la discipline, la réligion ou encore les études,*** dans le seul but de vous amener à comprendre le long processus de la transformation personnelle.

En fournissant les bases nécessaires aux lecteurs, **ABEL ACHIZA** nous propose une œuvre extrêmement utile et même indispensable quand on souhaite entrer dans la compréhension du sens de notre vie et du monde autour de nous.

De plus, aujourd'hui, il nous rappelle qui sommes-nous ; notre rôle dans la quête du succès afin que, nos actions, faits et gestes, soient indicateurs d'une bonne base axée sur le challenge, l'amélioration intérieure et la discipline. Espérant que notre gratitude face à la transformation et la création d'une nouvelle vie à partir de cet ouvrage inspirera notre entourage.

En conclusion, je ne peux que recommander à tous ceux qui souhaitent comprendre l'essence et les règles du succès dans tous les domaines de se plonger dans cet opus qui apporte à la fois une synthèse sans information inutile et un panorama très complet du développement personnel.

The BANGA Consulting Group
Justin M. BAHIZIRE, C.E.O and Founder

Introduction

Prison break, 24h chrono, avangers, survivant designé, mac gyver, La casa de papel, legacies, Vikings, harry porter, game of throne.... À l'ère du Cinéma qui se développe, autant des series et films font preuve d'une grande imagination et d'une ingéniosité remarquable.

Mais qui écrivent ces scènes? Qui en sont les réalisateurs ? Qu'en est-il des producteurs ?

N'est ce pas des hommes et femmes comme tout le monde ?

Mais alors pourquoi n'être seulement que de ceux-là qui attendent la sortie d'un tel ou tel autre film pour acheter, suivre et en rester émerveillé...?

Pourquoi ne pas, aussi, s'engager à écrire un script, réaliser ou simplement produire un film ou une série ? Est-ce seulement du ressort d'une certaine catégorie des gens qui en détiendrait le génie. Celui de simuler des événements et de créer des personnages dans une serie ou film et que ça ait l'air réel? Bien entendu, la réponse est non. Mais pourquoi alors d'autres (ceux qui se contentent de suivre) n'y parviennent pas ou presque ?

EXEMPLES

Dans le film ***jumanji 2*** par exemple, les acteurs principaux ***Kevin hart*** et ***Dwayne Johnson*** auraient à eux deux bénéficié d'une somme globale avoisinant les 3 millions de dollars américains pour leurs rôles. Ceci, sans parler du coût exorbitant dépensé pour la réalisation du film lui-même. Ça fait rêver, non ?

Quelle somme colossale ? Vous diriez-vous. Et vous avez effectivement raison. Mais ce dont vous ignoriez jusque là ce que : Un plateau de tournage coûte vraiment cher. Avec tout ce qu'il y a comme matériels de tournage, certains films valent le budget de certaines grandes entreprises et beaucoup plus même pour d'autres. Il y a aussi la rémunération des acteurs, des réalisateurs, des scénaristes, etc. Parceque la valorisation des carrières passe avant tout!

Quand un acteur professionnel signe un contrat de 10 milles dollars américains par épisode pour une série de plus de 10 saisons, pourquoi n'userait-il pas de toutes ses compétences, sa motivation et sa passion pour jouer son rôle dans la perfection s'il le faut ? Évidemment parceque sa rémunération en dépend. Ainsi, il se donne corps et âme dans son travail jusqu'à ce qu'il arrive à le faire presque parfaitement. Mais il n'en fait pas autant juste parcequ'il est sûr d'être bien rémunéré. Ça ne suffit pas !

C'est également parcequ'il a reçu une formation appropriée et étalée sur plusieurs années pour le rôle qu'il entretient dans un film. Il a tellement répété son rôle qu'il en a fait sa deuxième personnalité. C'est d'ailleurs pour ça que nous préférons les films d'un certain acteur plutôt que ceux d'un autre.

Comment s'explique cette préférence ?

Parceque, naturellement, quand un être humain perfectionne son œuvre, celle-ci devient une merveille à contempler pour les autres.

Ce qui se passe ailleurs !

Ci-haut, nous avons vu de quelle manière le secteur du cinéma est géré ailleurs. Ceci dit, dans certaines régions du monde, il semble que le contexte devient de plus en plus différent.

Parlons un peu de l'Afrique par exemple. Ici, beaucoup sont ceux qui pensent que leurs problèmes sont créés par les occidentaux (même quand on voudrait réaliser un bon film ?). Mais une chose qu'ils ignorent (les africains), ce qu'ils sont responsables de leur propre malheur ou bonheur parceque selon moi, accuser les autres sans vraiment avoir la simple volonté de changement, c'est de la lâcheté pure et simple qui cache la peur d'essayer. Et donc, les problèmes de l'africain ne doivent effectivement être résolus que par l'africain lui-même. Non pas par les occidentaux ou les gouvernements comme il aime bien le penser.

Malheureusement, avec un mental d'acier face au changement, des routines destructrices et des pensées primitives c'est de plus en plus difficile de révolutionner positivement le monde africain. Mais rien n'est impossible en soit.

La jalousie, la facilité, le jugement spéculatif, la propriété privée du bon sens, la haine et l'hypocrisie sont devenues une norme dans cette région densément peuplée regorgeant des richesses naturelles incomparables.

Mais ce dysfonctionnement de la société africaine est devenu normal pour tous. Ou presque.

Il y a tellement d'ennuies que même si une bonne tête écrivait le synopsis et les scénarios d'une bonne serie comme *"la casa de papel"*, son idée n'aboutirait jamais (dans la majorité des cas) simplement parce que son propre concepteur ne croira peut-être pas en sa réalisation ou parce qu'il n'aura pas assez de moyens de voir réaliser son ouvrage. Donc, dans le sens pratique du cas, il manquerait un bon réalisateur parcqu'il n'aura pas trouvé un producteur qui, lui aussi, craindrait de dépenser une somme colossale sans garantie de revenu, par exemple.

A cela, s'ajouterait une carence d'acteurs professionnels et bien formés parce que ceux-ci n'auront pas eux aussi une garantie de salaire digne de leur niveau de compétence. En fin de compte, il finira, peut-être par abandonner l'offre dans le meilleur des cas. Dans le pire, il vendra son œuvre au plus offrant à l'étranger. Et finira par raconter à celui qui veut entendre que ce sont les étrangers, les voleurs.

En Afrique, le défit du piratage légalisé en d'autres termes, le partage non payé des fichiers informatiques (films, musiques, vidéos, livres...) sur les réseaux sociaux, ordinateur, téléphone ne permettent la traçabilité du droit des auteurs. Par conséquent, les œuvres sont dévalorisées et c'est à l'artiste d'en payer le prix. Il y a beaucoup de talents ici mais peu d'artistes professionnels. Pourquoi ? Bah, vous avez déjà votre reponse. Ainsi donc, nous découvrons que, contrairement à certaines autres parties du monde (Comme les USA, France, ...) bien réputées dans le domaine, le travail d'artiste subit une dévalorisation sérieuse du jour le jour.

MAIS COMMENT REAGIR ?

1. ***Manque des écrits :***

Une question se pose.

Comment écrire et réaliser un bon film inédit ? Faire un ouvrage qui n'a jamais été fait auparavant. Voilà une preuve d'une créativité exceptionnelle. Est-ce possible ? Bien évidemment !

Ceux qui y croient sans scrupules finissent toujours par y arriver. Avec la passion, la compétence et le travail rien n'est impossible à réaliser.

C'est là le secret de leur réussite "bien faire les choses même celles qui paraissent petites" plus le risque est grand plus la récompense est grande.

Martin L. KING disait : *"faites du bon travail, faites-le si bien même que les morts, les vivants et les personnes qui ne sont pas encore nées ne pourront le faire mieux"*.

Ils savent ce qu'ils font et comment ils le font de telle sorte que l'assurance qu'ils y mettent ne laisse pas place à beaucoup d'erreurs et rend le résultat presque parfait. Et c'est comme ça qu'ils finissent par attirer l'attention des investisseurs et l'engouement des producteurs.

2. ***La Peur du jugement des autres:*** Voilà le plus gros des soucis majeurs que connait l'Afrique en ce moment. Tout le monde, ici, croit que sa façon de voir les choses est la meilleure et que l'autre qui agit selon ses attendements est perdu.

Personne ne s'occupe de sa propre vie car tout le monde passe son temps à vouloir savoir ce qui se passe dans celle des autres.

C'est cette peur d'être mal vu ou mal jugé par un tel qui nous detourne très souvent de nos objectifs et de nos désirs de réalisation.

Par ailleurs, je trouve que comme c'est parfaitement légal de penser librement, il incombe donc à chacun de faire preuve d'un peu de réflexion et vous trouverez que tout le monde ne peut penser de la même manière. Il y a et y aura toujours des divergences d'idées et de pensées entre les humains. C'est d'ailleurs cette diversité qui a conduit l'homme à évoluer en communauté et à conquérir le monde entier. Au lieu d'être un défaut de société, nous devrions nous servir de cette divergence d'opinions pour élargir les possibilités de construire une ou des sociétés dignes des hommes et femmes de bonne mentalité. Mais vous vous en doutez hélas !

Tout le monde pense. Quoi qu'on fasse, nous serons toujours critiqués. Que vous réalisiez vos rêves ou pas, il y aura toujours des gens qui ne manqueront jamais à dire sur vous.

Donc, nous découvrons, ensemble, et encore une fois que les pensées d'un individu X ne devraient jamais nous empecher à poursuivre nos rêves, réaliser nos désirs ou simplement nous faire douter sur nous-mêmes.

Écrire ce livre est pour moi un moyen d'exprimer l'envie que j'ai eue en moi bien des années de contribuer à changer ma vie de jeunes et de beaucoup d'autres jeunes.

J'ai mis toute ma passion d'écriture et tout mon engagement pour écrire ce livre. Je suis sûr que je l'ai fait pour que la personne qui le tiendra et l'aura lu, comprenne au moins le sens caché de sa vie ; comprendre qu'elle ne vit pas normalement mais qu'elle fait semblant de vivre.

Au début je ne savais pas ce que j'allais dire ou écrire mais ce que je savais plus que tout au monde est que je devrais écrire quelque chose pour partager le plus grand secret que je venais de découvrir. Ce secret qui était entrain de changer ma vie à un rythme inimaginable pour le commun de mortel.

Je ne suis pas le premier à en parler. Je ne suis même pas le premier à consacrer un ouvrage littéraire pour ce « secret ». Nombreux en ont parlé avant moi. Des grands professeurs et scientifiques en parlent dans leurs travaux, dans des conférences et interviews télé.

Cependant, ici chez nous, l'accessibilité de ces livres, aux conférences ou entretiens à tout le monde est très improbable pour beaucoup de jeunes.

Avec des problèmes de connexion dans ma région, l'idée même de faire des recherches sur le sujet semble farfelue. Sans accès à des bibliothèques dignes du nom (Parceque il n'y en a pas ou celle qui existent n'ont pas grand-chose à voir avec une bibliothèque), il est carrément difficile de poursuivre des recherches dans ce sens.

Sans source de revenue suffisante, sans accès à la bonne information souvent transformée et détournée par les acteurs religieux et politiques, cette mission de vouloir rechercher la vérité semble être loin d'être réalisable.

Même celle sur soi-même aussi ?

C'est effrayant dans cet environnement où la simple liberté de vivre est étouffée par la jalousie et le jugement des autres. Cet environnement où le *"ce que pense un tel ou un tel"* est plus important que ses propres valeurs et aspirations et par-dessus tout est plus important que ce qu'on pense de soi-même.

Autant de dysfonctionnements de la société pris pour la réalité avec comme conséquent l'empêchement de toute opinion personnelle positive sur soi.

Nous vivons, donc dans un monde tellement révolu que le fait de blamer est devenu une routine dans notre quotidien.

Les excuses par ci, les accusations par là, nos journées portent les mêmes couleurs.

L'éthique et la déontologie, ces valeurs jadis essentielles pour le bon fonctionnement d'une société sont simplement et purement placées dans les oubliettes.

La lecture, par exemple, est une valeur dans l'émergence d'une société. Elle permet d'apprendre et de perfectionner son domaine de travail. Mais en Afrique, elle est devenue presque…obsolète.

Un auteur inconnu aura dit : ***"si tu veux cacher quelque chose à un africain, cache le dans un livre"***. Et je dirai, par expérience, ce n'est pas du tout faux.

Mais la bonne question à se poser est : À qui la faute?

La vie semble être vraiment complexe. Un problème entraine toujours avec lui d'autres problèmes.

Par contre, la vie de tous les jours est encore plus compliquée qu'elle en a l'air uniquement pour ceux qui n'ont pas encore connu le grand secret qui est tant facile à vivre et rend la vie plutôt facile et détient, dès lors, une possibilité infinie de réalisation.

Mais aujourd'hui, la prospérité n'a plus sa place dans le coeur des jeunes gens. Ils ont laissé une grande crainte non justifiée ni fondée s'emparer de leurs esprits et les a détournés de la réalité du grand secret. L'entreprenariat s'étouffe, la jeunesse deprave. L'investissement perd sa place et semble inaccessible.

Mais à qui la faute? Est-ce celle de l'Etat? Des Confessions religieuses ? Des parents? Ou la faute nous incombe à nous-même ?

La jeunesse accuse l'Etat, les Églises accusent le monde, les parents accusent la mondialisation et la révolution technologique qui semble distraire la jeunesse.

Par contre, moi, pour avoir compris les enjeux de notre société, je n'accusais ni la jeunesse, ni les parents, ni l'Etat ni même les hommes riches africains. Personne ! Sauf moi-même. Quel rôle ai-je l'occasion de jouer pour changer ma mentalité et celle de ma communauté ?

Vous entendrez certains dires : n'est-ce pas que la richesse revient toujours aux mêmes gens ? Les riches deviennent de plus en plus riches et les pauvres s'appauvrissent aussi d'avantage. Et bien ce n'est pas du tout faux.

N'est-ce pas que les riches detiennent encore et toujours le pouvoir absolu d'acquisition des biens et des richesses ? Chacun de nous s'est, un jour ou l'autre, posé ces questions.

Aussi, nous sommes tous informés que dans ce monde, l'argent est une autre forme de pouvoir. Mais pour l'avoir, il faut non seulement travailler mais aussi être convaincu qu'on est capable de s'en acquérir. Dans le cas contraire, c'est peine perdue.

Mais, l'expérience prouve bien que c'est là que se trouve le blocage de la prospérité de la jeunesse, me dis-je.

Il arrive souvent que ceux qui ont gagné ne veulent pas laisser la chance de gagner à ceux qui viennent après eux. La concentration et la thésaurisation de l'argent des riches par les riches bloquent l'évolution et la prospérité de la jeunesse et des pauvres. Ce ne sont pas les projets qui manquent en eux mais l'absence des promoteurs investisseurs, pourrais-je rajouter.

Et je continuerais en me disant: personne ne s'intéresse à ce que pensent les jeunes ou à ce qu'ils ont l'intention de réaliser dans leur société.

Ils ne font que nous crier dessus : « allez aux cours et obtenez de bonnes notes ». Pour eux, c'est ainsi que notre avenir sera assuré et couronné d'indépendance financière alors qu'en ce moment là, une offre d'emploi pour trois postes seulement est prisée par plus de trois milles candidats. Tous des jeunes déjà diplômés mais en chômage depuis plusieurs années pour beaucoup. Visiblement, un autre dysfonctionnement de notre société.

Nos bonnes notes, nos diplômes. À quoi vont-ils nous servir dans l'avenir si, déjà, ceux qui les ont obtenus avant nous ne savent plus quoi en faire? Est-ce qu'au moins l'éducation qu'on reçoit à l'école nous entraîne à la vie financière et professionnelle ?

Ou nous ne faisons qu'apprendre des théories embarassantes sans un quelconque champ d'application possible pour l'avenir ?

Autant de questions que je me posais pour justifier mon accusation mais qui restaient sans réponse tout en ayant une réponse claire mais pas sûre ni fiable car elles nourissaient quand même mes doutes.

Voilà ce que je me disais. Et oui! Ce que je me disais bien avant mais pas aujourd'hui. Après avoir connu le grand secret, toutes mes pensées se sont volatilisées ou changées voire éclairées pour d'autres.

Un peu plus en haut j'ai parlé de la citation d'auteur inconnu parlant de l'africain et la lecture. Ceci est un point de vue que je partage à cent pourcent aujourd'hui.

Voici ma petite histoire.

Un jour, après que j'eu connu le secret grâce à mon engagement de lire plusieurs livres (dans tous les domaines scientifiques dont spécialement, le développement personnel) j'eu la brillante idée d'en parler à un ami proche et lui proposer aussi de lire les mêmes livres afin de voir de quelle manière il en serait transformé. Un peu comme quand certains disent que la bible les a « sauvés ».

Sa réponse fut telle que j'ai passé des journées entières à penser à cet adage qui nous infligeait le poids de la lecture pour un africain. Encore une fois.

Il m'avait répondu : « Abel, tu sais très bien que la lecture et moi sommes « divorcés ». Même pour un long texto, le simple fait de le lire me paraît comme une punition. D'ailleurs, te rappeles-tu de ces moments où le préfet et moi avions des discordes parce qu'il me reporchait de n'avoir jamais fréquenté la bibliothèque ? Et je n'étais pas le seul parce que presque la quasi-totalité de la classe recevait toujours le même reproche du Préfet. Tu sais que je déteste lire, moi ».

Naturellement, Je fus écœuré par cette réponse et toute ma joie de partager la plus grande découverte de ma vie avec un ami proche s'éffondra à cet instant même.

Ce jour là j'avais eu la réponse à ma question *"à qui la faute"*.

La faute? C'est à nous-même, ou devrais-je dire que le problème c'est nous-même. Quand nonante-neuf africains sur cent sont capables de vous dire fièrement qu'ils n'aiment pas lire et le un sur cent restant ne lisent exclusivement que la Bible, des livres de divertissement comme les romans et bande dessinées. Mais tous peuvent fièrement te dire qu'ils lisent la bible, le coran ou je ne sais quel autre livre saint. Curieusement ces livres ne changent rien à leur vie à part y ajouter un peu d'hypocrisie. Ce qui est pathétique.

Personnellement, je suis un grand croyant et un bon chrétien mais je ne crois pas que le vrai sens de la Bible soit ce que nous savons ou du moins ce qu'on nous prèche dans nos églises alors je vous suggère de réveiller votre esprit critique et de bannir tout de votre esprit que l'athéïsme ou la desintégration réligieuse soit parmi les objectifs de la rédaction de ce livre. Non et non. Ce n'est pas mon intention. Si vous qui lisez ce livre êtes Musulman, chrétien, bouddhiste ou naturaliste, gardez votre mal en patience parceque mon intention ici n'est pas de vous changer vos croyances quant à votre religion.

Le seul et unique but de ce livre est de vous mettre face à vous-même et vous inciter à prendre votre propre vie en main pour ainsi influencer votre destin qui n'est autre que la sommation des choix faits dans votre vie jusque là.

-*"Le secret"* **Rhonda Byrne**

-*"Pouvoir illimité"* **Anthony Robbins**

- "Reflechissez *et devenez riche"* **Napoléon Hill**

- "Comment *se faire des amis"* **Dales Canergie**

- Etc…

Si vous avez déjà lu certains des livres des *"**Grands professeurs**"* vous remarquerez que j'emprunte certains de leurs mots dans certaines phrases de ce livre. D'ailleurs le mot "grand secret" je le dois au professeur *Rhonda Byrne* à qui je l'ai emprunté et intensifié. Pour lui, c'est « le secret » mais moi je l'ai appelé le « Grand secret » car pour moi il n'y en a pas d'autres plus grand que celui là.

Je le pense parcequ'une fois ce grand secret à notre portée tout change, l'espoir renait, le sourire revient, l'incertitude et la peur sont balayées.

Un jour alors que je me demandais comment je vais m'y prendre pour écrire tout ce qui me traversait à l'esprit et alors qu'en même temps les idées volaient dans tout le sens mon esprit, je voulais savoir combien de pages suis-je capable d'écrire de ma plume. C'est alors que je me suis rappelé d'une dame qui m'enseignait le civisme en première année de graduat qui disait : "Tout le monde peut écrire. Soyez juste concentré et ayez un stylo dans vos mains et vous verrez le miracle de l'écriture". Ces mots faisaient desormais partie de moi, je me les suis approprié et ils m'ont aidé à avancer dans mon écriture.

Cependant une autre question hantait mon esprit : pourquoi dois-je écrire un livre sur le grand secret alors qu'il y en a des tas de livres des grands professeurs qui en parlent, des tas de conférences disponibles sur youtube, des tas d'expériences racontées, etc... Oui nombreux en ont déjà parlé mais pas avec mes mots, pas avec ma conviction, pas avec mon expérience, pas tenant compte des réalités et vérités africaines.

Alors vous l'aurez surement déjà entendu quelque part, lu dans un livre, vu sur youtube, vous en aurez déjà fait l'expérience peut être mais laissez-moi vous le dire avec mes propres mots, mon entendement et mon expérience personnelle.

Mes professeurs l'ont dit et le disent mieux que moi dans leur livre et conférence mais pas comme moi.

Ainsi j'aurai aimé vous souhaiter une très bonne lecture mais ce n'est pas une bonne lecture que j'attends de vous en lisant ce grand guide pratique contenant le plus grand secret que vous aurez découvert depuis votre existence mais d'un grand changement dans votre vie, dans vos habitudes, et surtout d'un très grand bonheur.

" Si nous avons des points en commun nous nous sommes rencontrés à travers ces pages" a écrit Napoléon Hill à la fin de son livre "Think and grow rich" en référence aux dires de l'immortel Emerson *"Si nous avons des points en commun nous nous rencontrerons"*. Et moi j'emprunte de leur éloquence pour dire: « ***si nous avons des points en commun, nous nous rencontrerons surement quelque part dans les pages de ce livre*** »

Chapitre premier
Le grand secret

"La plus importante chose à faire quand vous réalisez que vous êtes dans un trou,

C'est d'arrêter de creuser."

Warren Buffett

Quand je lisais "*Le secret*" de Rhonda BYRNES, je me posais surement la même question que vous vous posez en ce moment : Mais quel est ce secret ?

Le secret ceci, le secret cela mais quel est ce secret?

Ça devenait trop énervant et je suis sûr (Presque) que pour vous aussi, ça commence à monter. Mais prenez votre mal en patience et combattez cette impatience en vous car bientôt vous allez le découvrir. Vous allez découvrir « Le Secret ».

Vous vous rendrez compte avec moi qu'on entend partout les gens entrain de se lamenter, de s'accuser mutuellement, ou de blamer la vie. Ils se disent souvent « Moi, je ne réussie pas ces genres de truc. Ces histoires là ne sont faites que pour vous les génies. Je ne peux pas faire cela. Cela n'est pas de mon niveau. Je ne suis pas fait pour ceci ou cela…etc »

Oui et oui on en sait trop sur ce que vous n'aimez pas mais quant à ce que vous aimez, en savez-vous vraiment quelque chose ?

Lisez un peu cette histoire

Abel est un jeune garçon de 19 ans qui rêve à tout prix devenir, un jour, un Président Directeur Général d'une entreprise forte et prospère qu'il aura créé lui-même.

Mais curieusement celles-ci sont ses activités principales :

- Il se reveille presque tous les jours à 9h00
- Il dort au moins deux heures la journée toutes les fois qu'il manque à faire et est frappé de flemme (la paresse).
- Il passe le trois quart de sa journée connecté à internet entrain de discuter sur les réseaux sociaux, très souvent inutilement.
- Il dort tard la nuit vers 00h voire 1h seulement entrain de feuilleter des pages web ou entrain de discuter avec des amis et connaissances sur les réseaux sociaux
- Aucune belle fille de son entourage ne passe inaperçue à ses yeux ou ses oreilles.

- Il ne s'en sort pas mal aux cours mais n'est pas vraiment investi pour les histoires de classe
- Quand il ne chatte (surfer sur internet) pas, il passe son temps libre à suivre des films et series sans grande importance dans son domaine.

Déjà en lisant cette histoire, vous comprendrez petit à petit que son rêve et son comportement sont deux choses plutôt opposées. Mais ce n'est pas seulement ce que vous avez remarqué. N'est ce pas que vous avez aussi remarqué certains traits d'Abel qui vous rappellent…vous ?

Oui ou non ? Que vous ayez choisi une telle ou telle réponse, la plupart du temps, nous sommes tous pareils car nous savons souvent ce que nous voulons mais nous nous efforçons, on ne sait comment, à faire ce que nous ne voulons pas. Ce qui d'ailleurs nous éloigne de nos objectifs.

Pour un jeune comme moi se sentir vivant c'est par exemple :

- *Avoir le plus recent modèle de smart phone du marché ;*
- *Sortir avec la plus belle fille ou le plus beau garçon du quartier*
- *S'habiller de façon admirative pour les autres*
- *Faire la fête avec des amis chics et friqués…*

Mais ça, c'est pour un jeune qui n'a pas encore découvert le secret. Et ça, c'est pour parler que des jeunes mais dans un sens plus large, tout le monde veut être riche, avoir un partenaire qui l'aime, gagner des millions. Guérir de ses maladies chroniques, faire des voyages à travers le monde entier, être intelligent et sage, être respecté de tous, diminuer de poids, avoir raison face à l'opinion de quelqu'un…

Nous voulons tous vivre le bonheur. Simplement !

Tout le monde veut toujours plus, mais seul peu y accèdent. Nombreux, parce qu'ils ne savent pas comment procéder, préfèrent se lamenter. D'autres, perdent du temps à blamer le gouvernement, leurs parents et les enseignants. Mais il y en a aussi qui vont jusqu'à préciser, injustement, la personne qui est la cause de leur malheur.

Le Grand Secret

Nous voici prêt à découvrir, ensemble, le sens caché derrière ces trois mots.

Vous vous demandiez sûrement en quoi consiste ce grand secret qui ne cesse d'être vanté. Et bien ce n'est pas quelque chose que vous ignorez. Par contre, c'est quelque chose que vous ne savez pas que vous la connaissez.

Rhonda B. en a parlé dans ces mots *"le secret c'est la loi de l'attraction"*

Vous attirez à vous tout ce dont à quoi vous pensez. Moi je dirai plutot la même chose mais avec des mots différents :

Le secret c'est *"**ce que vous voulez**"*. Revenons maintenant à notre histoire vue ci-haut. Vous vous rappelez sûrement d'Abel, ce garçon qui veut être un grand P.D.G d'une entreprise qu'il aura lui-même créé. Oui ? Mais est-ce qu'il est réellement conscient de ce qu'il veut ? Oui, surement. Car comment peut-il savoir qu'il veut devenir entrepreneur et en même temps il ne sait pas organiser son agenda pour son projet ? Par quelle magie son rêve, qui est quand même réalisable, le sera dans la réalité ? Comment son imagination aura-t-elle créé des plans de création d'entreprise alors qu'il n'entreprend aucune action dans ce sens ? Si on devrait reflechir comme *Rhonda* B. quelles pensées nourrissent son esprit d'entrepreneur ?

En appelant le secret *"ce que vous voulez"*, je ne me refère pas uniquement à ces phrases que vous formulez tout le temps: j'aimerai devenir docteur, j'aimerai être ingénieur, je vais gagner beaucoup d'argent, je veux être millionnaire, je veux une bonne épouse, je veux parcourir le monde, je veux être président…

Non, je parle de ce désir ardent que vous avez d'avoir ce que vous voulez, cette précision que vous avez dans votre vœu, cet acharnement avec lequel vous y pensez, cette passion que vous avez développée envers ce que vous voulez, cette foi que vous portez en vous et cette détermination avec laquelle vous agissez. Cette persévérance qui est votre compagne de tout le temps, …

Demandez et l'on vous donnera; **Sainte Bible**

Il ne suffit pas de demander pour avoir. Non!

Même Jésus l'avait deploré en disant à ses disciples de demander avec intelligence et foi.

"Et tout ce que vous demanderez dans une prière pleine de foi vous l'obtiendrez" **Matthieu 21:22**

"C'est *pourquoi je vous dis, tout ce que vous demandez avec foi croyez que vous l'avez déjà reçu et cela vous sera accordé."* **Marc 11: 24**

Vous ne pouvez pas demander quelque chose que vous ne croyez pas pouvoir obtenir. Ce serait vain. Non plus vous ne pouvez pas demander vaguement et espérer une réponse. Qui se chargerait des précisions à votre place?

Exemple

Vous : Papa j'ai besoin d'argents ?

Et s'il vous donnait 1$, c'est aussi de l'argent non? Quand vous ne précisez pas de combien d'argent vous avez besoin, ce n'est pas à votre père de s'en imaginer. Vous devez être précis donc.

Un jour en pleine conférence *Anthony Robbins* raconta cet incident qui lui était arrivé: « *Je venais de terminer ma première conférence un soir vers minuit, j'étais tout jeune et plein d'énergie et par contre, je ne voulais pas aller au lit. J'avais juste besoin de parler et parler encore. Je commençais à peine à gagner un peu d'argent et comme je n'avais pas sommeil j'avais decidé de faire un tour. Après quelques minutes de marche j'apperçois un type un peu bizarre et aparement en état d'ivresse, et déjà mon esprit me dit qu'il va me demander de l'argent. Il s'approcha et d'une voix bizarre me dit : "Monsieur monsieur pouvez vous m'aider avec 1$ seulement, 1$ seulement ?* »

Je ne voulais pas encourager ce comportement mais je ne voulais pas aussi qu'il souffre. Alors je me suis approché de lui et sorti mon porte feuille plein de billet *de 100$ et je lui ai demandé vous êtes sûr de vouloir 1$ seulement? Et il répondit : Oui monsieur 1$ seulement"*

Je sorti un billet de 1$ et je lui dis sachez que la vie vous paiera le montant que vous lui demanderez.

La vie vous paiera la somme que vous lui demandez

Vous est-il déjà arrivé de demander de l'argent à quelqu'un et quand il vous en donne, vous regrettez de n'avoir pas demandé une grosse somme parce que tout simplement, vous vous apercevez qu'il en a trop et qu'il pourrait vous en faire autant ? Et bien moi oui. C'est ainsi qu'est la vie.

Elle ne nous paie que ce que nous lui demandons. Tout le monde veut devenir riche, prospère et grand homme. Mais peu savent comment et pourquoi.

La richesse n'est pas un événement mais une vie, vous ne vous reveillerez jamais et commencer à devenir riche du jour au lendemain. À moins que vous ayez gagné au lotto, ce qui ne risque pas d'arriver à plus de la moitié d'entre nous. Mais même ceux qui gagnent à la lotterie, ne sachant pas dans quel but utiliser leurs nouvelles acquisitions, finissent souvent par dilapider tout leur argent en un temps record. Tout simplement parce qu'ils n'ont jamais appris quoi que ce soit sur l'argent.

Voici une autre histoire :

Un matin, en plein confinement pendant la crise de covid-19, je suis sorti prendre de l'air devant la porte de ma clôture et là, je croise un collègue. Après avoir echangé quelques salutations, celui-ci me pose la question : *tu passes tes journées à faire quoi*? Ma réponse lui sembla très impossible à comprendre : *"j'apprends à devenir riche"*. Ce sur quoi, il retorqua immédiatement : "ça *ne s'apprend pas mon cher, en tout cas jamais et nul part on apprend à devenir riche"*.

Voilà les pensées qui sont notres aujourd'hui. On estime souvent que ce qu'on ne connait pas n'existe pas alors qu'on ne connait pas tout simplement. Je n'avais pas pu répondre à l'instant par manque des mots assez convaiquants pour l'aider à sortir de son scepticisme maladif. Ainsi, j'ai pu comprendre que ça peut arriver quand on n'a pas le goût de la lecture.

Ce n'est pas de l'indépendance financière seulement dont il s'agit quand on doit parler du succès dans la vie. C'est aussi de notre esprit, de notre réligion, de notre vie sentimentale, de nos émotions, de la gestion des relations humaines. Bref, de tout ce que nous voulons vraiment être sans y parvenir.

Le plus grand secret étant revelé, le savoir à lui seul ne suffit pas, mais savoir l'appliquer à lui seul dans tous les domaines de notre vie suffit. Selon vous, comment expliquez-vous qu'une personne ait accumulé plus de cent milliards de dollars et que seul le quatre pourcent de la terre contrôle la stricte majorite de l'économie mondiale alors que nous paraissons tous semblables et égaux ? C'est bel et bien parce que, consciemment ou inconsciemment, ils ont découvert ce que j'appelle « le grand secret ».

Arrêtez de blamer la vie, stoppez de blamer le gouvernement ou de traiter de sorcières les personnes riches, d'avares, de païennes, de cupides, de framaçons, ou illuminatis, etc... Parceque ces personnes n'ont fait qu'une chose. Croire en la réalisation pratique de leurs rêves et elles y ont travaillé.

Vous pouvez aussi l'être si vous en aviez la possibilité. D'ailleurs, vous l'êtes déjà car après avoir lu ce livre vous ne verrez plus jamais le monde du même angle que le nonante- six pourcent restant.

Vous n'aurez pas besoin de travailler dûr pour avoir ce que vous voulez. Vous aurez seulement besoin de travailler intelligemment, pertinemment et patiemment.

Si non, les gens comme *Mark Zukerberg* et *Jeff Bezos* n'auraient pas fait autant des milliards dans moins d'une décenie.

Sortez de votre routine destructrice qui est celle de penser à ce qui ne devrait pas l'être.

Arrêtez maintenant de vous dire tout le temps ce que vous ne voulez pas et commencez à vous concentrer sur ce que vous voulez et c'est uniquement ainsi que vous parviendrez à obtenir ce que vous voulez et non pas ce que vous ne voulez pas.

À force de vous repéter ce que vous ne voulez pas, vous n'obtenez jamais ce que vous voulez car ainsi fonctionne votre subconscient. Votre subconscient ne vous donne que ce que vous aurez pensé, plus souvent.

Votre subconscient capte les fréquences de vos pensées, vous transmet des idées par votre imagination et vos pensées se transforment en leur équivalent physique. Si vous n'y croyez pas, demandez-vous comment vous arrivez à penser à une aventure sexuelle, la seconde d'après vous êtes excité et l'autre vous éjaculez déjà. C'est juste un exemple parmi tant d'autres.

Là, est la force de la pensée. C'est par là que toute chose commence.

"Nous attirons vers nous tout ce à quoi nous pensons", **Rhonda Byrne**.

Vous pouvez contrôler vos pensées, et de là, suggérer des nouvelles pensées à votre cerveau que le subconscient captera à son tour pour faire germer des nouvelles idées de votre imagination. Pensez à ce que vous voulez pas à ce que vous ne voulez pas.

"La plus grande addiction au monde c'est la pensée" a dit un conférencier Américain.

"Chacune de vos pensées est une réalité, une force" **PrinticeMulford**

"Vous *attirez à vous la matérialisation de vos pensées prédominantes que vous en soyez conscient ou non."* **Michael Bernard Beckwith**

Tout commence par une pensée que le subconscient achète, celui-ci en fait part à l'imagination quand cette dernière se charge de sa réalisation dans le monde du physique.

Au XVIe siècle, qui aurait cru qu'un dessin du fameux Léonard Da Vinci servirait de modèle pour un hélicoptère au XXIe siècle ?

Qui aurait cru que par une simple pensée *Henry Ford* arriverait à créer un moteur à 8 cylindres ? Même pas ses propres ingénieurs;

Qui aurait cru qu'un homme se trouvant en Amérique pouvait entendre la voix d'un autre homme qui, lui serait en RDCongo ? Cela via une petite machine qui tient à peine dans une main et qu'on appelle « téléphone » ?

Qui aurait cru que le grand *Thomas Edison* ayant échoué plus de 1000 fois à perfectionner l'ampoule électrique serait l'un des plus grands inventeurs de tout le temps ?

Qui aurait cru que par une simple pensée développée par *Abraham Lincoln*, l'on avait l'idée d'abolir l'esclavagisme dans un pays capitaliste comme les États-Unis?

Il y a juste vingt ans, qui aurait cru que le chinois *Jack Ma* serait, aujourd'hui, parmi les hommes les plus riches de la planète?

N'est-ce pas là les beaux exemples concrets des miracles d'une pensée positive et orientée par de grands désirs? Tous ces hommes ont pensé, ont cru et ont travaillé pour réaliser leurs rêves.

Pourquoi pas vous ?

Ne vous y trompez pas, vous êtes l'ensemble de vos pensées prédominantes. C'à quoi un homme pense souvent détermine ce qu'il est.

Ainsi, si vous pensez souvent à la pauvreté, vous le serez sans doute ;

Si, vous pensez souvent que votre conjoint vous decevra, vous ne tarderez pas à le surprendre avec une autre ;

Si vous avez toujours peur de rechuter, vous rechuterez encore une fois ;

Si, vous êtes tout le temps entrain de vous inquiéter sur votre future, il sera merdique.

Si vous pensez souvent à l'alcool, et la peur de rechuter, vous demeurerez alcoolique ;

Si vous pensez à la faim, vous aurez faim ;

Si vous pensez souvent à vos maladies chroniques, vous ne guerirez jamais ;

Si vous avez peur de l'obésité tout le temps, vous devriendrez gras et vous ne ferez que vous plaindre de votre état ensuite.

Et je pourrai continuer avec une longue liste pareille de tout ce qu'on entend les gens dire tout le temps qu'ils craignent sans savoir que c'est exactement là que ne doit pas être leur préoccupation.

Changez dès à présent vos pensées et réorientez-les. Pensez positivement. Au début, ce n'est pas confortable mais si vous n'y arrivez pas, allez voir un psy s'il le faut. Parlez à un ami de vos convictions profondes, de vos problèmes. Vous ne tarderez pas à voir des résultats.

Mais consulter un *psy* est de plus en plus difficile, surtout en Afrique. Voir un *psychiatre,* ou un *psychologue* est devenu une forme de honte grandissante alors que cela ne devrait pas normalement être pris sur cet angle. Voir un psy devrait être une très grande fierté et tout le monde devrait s'en vanter. Ainsi, des nombreuses personnes pensent être malades alors qu'en réalité, le vrai problème se trouve dans leur tête, leurs pensées profondes. Et je ne vois pas mieux qu'un *psy* pour une orientation parfaite. Si pas le cas, voyez au moins un ami.

Se confier à un proche n'est pas du tout facile plutôt qu'à un medecin. Car on est convaincu qu'au moins lui, nous aidera à guérir sans nous juger ou nous poser des questions sur notre vie privée. Alors si nous y sortons guéris, pourquoi ne pas avoir une personne qui nous aide à recadrer nos pensées quand elles s'échappent de notre contrôle, à diriger nos relations quand nous en sommes nous-mêmes incapables, à comprendre le sens et le pourquoi de nos réactions ?

Quand vous souffrez d'insomnies par exemple, ou des maux de têtes chroniques, ce que vous faites une mauvaise gestion de vos émotions, de vos pensées. Bref, vous avez un problème avec vos relations inter et intra-personnelles qui se présente souvent sous le signe de la colère, émotions fortement négatives.

Donc, soigner ou prévenir une maladie chronique n'est pas toujours du ressort d'un médecin. Parceque si à chaque malaise de votre corps vous pensez recourir aux medicaments, qui ne sont autre que des calments, vous habituez votre corps à ces substances et vous risquez d'en devenir dépendant dans l'avenir.

Quand vous tombez malade, c'est souvent votre attitude, votre impatience, vos inquiétudes et donc vos mauvaises pensées negatives qui sont à l'origine.

Alors si vous ne pouvez pas vous controler de vous-mêmes, orientez vos pensées par vous-mêmes afin qu'elles satisfassent à vos desirs, savoir le pourquoi et l'origine d'une mauvaise action… Quoi de plus logique que se faire aider par un psy? Le problème du monde est que nous vivons selon ce que les autres conçoivent et pensent et pas selon ce qui est juste et bon pour nous.

N'acceptez sous aucun pretexte de vivre votre vie selon l'entendement des autres si cela ne vous chante pas. Faites ce qui est bon pour vous et laissez-les faire ce qui est bon pour eux et le monde sera un endroit merveilleux pour tout le monde.

N'acceptez plus de vivre sous le fardeau des maladies chroniques, ou des peurs incessantes, ou dans l'incertitude absolue, ou dans un tatonnement complet…

La précision jusque dans les détails

Précisez avec le moindre détail possible vos " *ce que je veux*" ; vos "*comment je le veux*" ; et vos " *pourquoi je le veux*"et vous verrez vos rêves devenir réalité avec des miracles inattendus.

La nature a tellement à vous offrir mais, seulement, elle ne sait pas encore si vous êtes prêts ou pas, si vous le voulez ou pas. Personne n'aime le tatonnement, même Dieu aime que nous demandions avec précision et exactitude.

Qui exaucerait le vœu d'une personne qui ne sait pas décrire précisement ce qu'elle veut? Même à un génie on demande avec précision.

Vous voulez une voiture? De quelle marque? Quel modèle? Quelle collection? Quel prix? Pourquoi?

Tu veux être riche? C'est trop vague, à quel niveau ? Avec quel montant en banque ? En faisant quoi dans la vie ou en rendant quel service? Où? À qui? Pourquoi?

Seulement une poignée des gens de la planète est capable de déterminer précisément ce qu'ils veulent. Les autres se contentent des généralisations et des rêves vagues.

Avoir un esprit disposé

C'est lorsqu'on découvre ce qu'on veut précisement être et faire dans la vie qu'on découvre exactement qui on est.

Des nombreuses stars hollywoodiennes sont décédées par overdose parce que, tout simplement, elles ne savaient plus qui elles étaient et ont préféré trouver refuge dans les stimulants et les drogues qui, malheureusement, ne faisaient que masquer la réalité pour laps de temps. Une star sans personne proche dans sa vie, qui est incapable de dormir tranquille la nuit, qui n'est appreciée que par un public lointain et moins aimée par les proches, elle a souvent des disputes avec ses parents et ses familiers. Voilà pourquoi ni sa célébrité, ni son argent ne peuvent lui assurer le bonheur que nombreux pensent qu'elle a.

La célébrité, le pouvoir et l'argent ne peuvent pas combler un vide dans votre personnalité. C'est pourquoi il est toujours primordial de travailler sur son esprit avant d'aspirer à quoi que ce soit. Car dans le cas contraire abandonner sera votre future destination, les stimulants seront vos meilleurs amis, et la vie vous sera d'aucun goût malgré vos avoirs.

Être en parfaite santé pour moi c'est vivre en harmonie avec son corps et son esprit. Le corps et l'esprit font un tout dans un seul ensemble. Ils sont comme l'amour et le désir; différents mais difficilement distinguables.

Si vous lisez bien le livre *"l'art de la guerre"* vous comprendrez que c'est l'esprit qui mène le combat et non pas le corps.

"Les desirs du corps sont contraires à ceux de l'esprit afin que vous ne fassiez ce que vous voulez" **lettre aux Galates, Nouveau Testament.**

L'esprit est censé diriger le corps et pas le contraire. Chose qui n'arrive pas pour nombreux d'entre vous. Ne vous laissez pas guider par vos désirs immédiats dictés par votre corps. Vous savez avec moi que vous pouvez mourir d'envie de pisser et vous retenir même quatre heures, que vous pouvez être excité par des pensées génératrices ou des visions concordantes et vous retablir par la seconde d'après, que vous pouvez être fatigué à la mort mais continuer quand même à courir parce que vous voulez perdre quelques kilos, que vous pouvez avoir faim et oublier que vous aviez faim…

Votre corps n'obéït qu'à votre esprit et c'est quoi l'esprit?

Pour moi je dirai que l'esprit c'est l'ensemble de : vos pensées, votre subconscient et votre imagination créatrice (imagination créatrice Comme l'a qualifiée *Napoléon Hill* dans son livre *Thinkand Grow rich*")

Ces trois éléments combinés vous donnent la possibilité d'agir sur votre corps et lui suggérer tout ce que vous voulez ou attendez de lui et cela se réalisera.

Ils vous confèrent un pouvoir illimité dans toutes vos actions. Vous commandez votre corps et il obéït.

Au début cela semble difficile mais ce qui est plus important est que c'est amusant et vérifié, quand vous commencez à entrainer votre esprit à être le maître de votre corps et de vos désirs vous semblez perdu dans le géant vous-même à la découverte de vous-même. Presque plus rien n'a de sens et tout s'écroule autour de vous. Vous perdez votre ancienne raison de vivre pour une autre moins sure au début mais indispensable pour une vie heureuse et établie.

"Tout *ce qui avait gain à mes yeux, je le regarde désormais comme de la boue* " **Nouveau Testament**

"C'est souvent trop difficile de se donner complètement et à fond dans quoi que ce soit au début" **Idriss Alba**

Oui c'est très dur voire très difficile au début mais avec beaucoup de désirs, de sacrifices et de déterminations vous accomplissez l'impossible et là votre esprit se voit forgé et inébranlable. Plus rien ne vous fait peur et plus rien ne vous est impossible car au final vous aurez appris à tout sacrifier pour gagner tout.

Si vous voulez lire plus sur l'esprit et sa force je vous conseille vivement les livres :

"Pouvoir illimité" **Anthony Robbins**

"L'alchimiste" **Paolo coelho**

"Reflechissez et devenez riche" **Napoléon Hill**

La foi et la persevérance, deux ressources indispensables

"La *foi est une ferme assurance des choses qu'on ne voit pas*" **Sainte Bible Louis Segond**

Si vous avez suivi la chronologie de votre echelle vers le succès telle que détaillée dans les pages précédentes vous remarquerez avec moi que les étapes suivantes sont à respecter:

Savoir ce que l'on veut et oubliez ce qu'on ne veut pas,

Déterminer avec précision ce qu'on veut et avoir un esprit disposé à récevoir ce que l'on veut obtenir pour enfin l'obtenir.

Mais avant de récevoir et au dessus de tout cela se trouve une grande ***foi*** inébranlable.

La foi est la ressource la plus difficile à acquérir quand on n'en a pas. Elle ne vient pas du jour au lendemain mais se cultive. Vous ne pouvez pas demander ce que vous ne croyez pas pouvoir obtenir. Dans les lignes précédentes j'ai même évoqué l'insistance de la foi dans la Sainte Bible.

Les grands hommes ayant accomplis des miracles n'avaient pas besoin d'autres choses à part une ferme assurance en ce qu'ils ne voyaient pas. La foi marche souvent avec la persévérance. Sans foi vous n'accomplirez jamais rien de grand de votre vivant. Ayez foi en vous et en vos idées car personne d'autre ne vous croira si vous êtes incapable de croire en vous-même.

Vous ne serez jamais anthousiaste à une idée en laquelle vous ne croyez pas et vous ne saurez non plus la faire avaler aux autres sans anthousiame.

Sans foi et persévérance *Jésus* n'aurait jamais rassemblé autant de monde autour de lui et accomplir ainsi son dessein comme il le disait lui-même;

Sans foi et persévérance aucun *Pasteur* ne peut faire des miracles, ni aucun fidèle accéder aux miracles ;

Sans foi et persévérance *Mahatma Ghandi* n'aurait pas réuni des millions d'indiens autour de lui et sa cause ;

Sans foi et persévérance *Mohamed* n'aurait jamais créé l'islam et être porté dans les coeurs d'autant de monde qui ne croyaient pas, au départ, en ses professies et prédications ;

Sans foi et ni persévérance *Patrice LUMUMBA*, la R.D.Congo n'aurait pas pu accéder à l'indépendance en 1960, Etc …

Tout, porte à croire que l'idée, la pensée est toujours accompagnée d'une grande foi et d'une persévérance accrue. Développez une grande foi en vous et vous n'aurez jamais à utiliser le mot impossible.

" Car rien est impossible à celui qui croit" **Nouveau Testament, Sainte Bible.**

Nous avons brièvement mais suffisament parlé des problèmes primaires de l'individu liés à son développement personnel et sa conception du soi-même. Voyons maintenant comment réagit-il face au monde qui l'entoure et la menace ou l'avantage qu'il représente pour lui.

Chapitre Deuxième
Absence d'ambition et de désir ardent

" Nombreux échouent parce qu'ils suivent des buts

Qu'ils ne veulent vraiment pas atteindre"

Pouvoir illimité, **Anthony Robbins**

Influence dans les choix

Vous savez déjà que déterminer exactement ce que vous voulez dans la vie est le premier pas vers le succès sur tous les plans de la vie : économique, spirituel, social, financier, …

Mais ce que vous ne savez pas encore est qu'un mauvais but ou un but mal determiné est une cause perdue d'avance.

Lisez attentivement cette histoire

Monsieur Abel est un homme de valeur, un honnête citoyen et un grand travailleur.

Son plus grand rêve est d'être un jour grand acteur hollywoodien des films romantiques, par exemple.

Il en parle à sa mère, son père et ses frères et amis mais certains se demandent s'il a perdu la tête. « Cela n'est qu'un rêve et il en restera un » « Toi qui n'a jamais foulé du pied le Rwanda tout près ici, comment arriveras-tu à Hollywood, à des centaines de milliers de kilomètres ? Par quel miracle ? Par quel moyen ?

Le découragement et les moqueries de ses proches changent ses directions de la vie et il se retrouve entrain d'étudier les sciences économiques à l'université pour finir comptable d'une petite entreprise et gagner moins de 300$ par mois, difficilement.

Il se reveille tous les matins à 6h pour aller au travail et rentre à la maison le soir avec d'enormes insultes du patron et des discordes en tête qu'il aurait eue avec ses collègues au travail…

Même quand c'est la joie totale au boulot, lui se sent toujours embarassé.

Maintenant, dites-moi. Après avoir lu cette histoire, quels traits et ressemblances établissez-vous entre Abel et vous, et votre père, frère ou soeur? Vous en avez peut- être trouvé ou peut-être pas.

S'il en vient à estimer que Monsieur Abel a 30 ans à ce moment, croyez-vous qu'il aura atteint l'âge de 50 ans sans hypertension ou hypotension? Sans maladie cardiaque? Sans maladie chronique?

Combien de rêves et ambitions ont été déjà étouffés par des personnes qui nous sont les plus proches? Combien l'avis de "*mon père*" ou de "*ma mère*" a déjà détruit des rêves?

Combien de fois un seul mot a déjà brisé toute une vie?

Vous ne le saviez peut-être pas encore mais plus de la moitié des orientations africaines sont infligées par le simple désir de plaire aux parents. Oui plus de la moitié.

N'est ce pas qu'un parent sait toujours ce qu'il y a de mieux pour son enfant? Non pas toujours. La seule et la première personne à savoir ce qu'il y a de mieux pour vous, c'est bien vous-même.

Plaire aux parents n'est pas en soi une mauvaise chose mais nous découvrons que se plaire à soi-même, c'est cela la priorité. Rien n'est plus important que vous dans ce bas monde. Pensez d'abord à vous et ce que vous voulez. J'insiste !

"La charité bien ordonné commence par soi-même" dit-on. Alors commencez par établir ce qui est bon pour vous et ce qui est bon pour les autres viendra après. Parceque vous ne saurez les aider que si vous vous portez bien.

Vos parents ont vécu leur vie comme ils l'avaient choisi. Vous n'êtiez pas là pour leur dire ce qu'il fallait qu'ils fassent pour être ce qu'ils sont aujourd'hui.

Vous me direz sûrement « ils ont de l'expérience de vie, ils peuvent vous guider et vous montrer ce qu'il faut faire et ce qu'il faut éviter ». Oui et non à la fois.

Les valeurs morales nous les avons tous et nous grandissons avec elles dans la société. Que votre père ait été licencié ou professeur ordinaire, il n'a pas à vous dire comment vivre votre vie ni comment faire vos choix. Son rôle est de vous orienter dans vos choix mais pas de choisir à votre place. La vie que vous devez mener vous appartient, donc. Ne laissez personne vous dire qui devenir demain ou quel domaine d'études parfaire.

Vous êtes né dans une famille catholique, protestante, païenne, musulmane? Et bien si, en grandissant vous n'y croyez plus, vous êtes en droit de changer de réligion. Pour ne pas paraître hypocrite.

Votre père refuse de comprendre vos choix, laissez-le croire ce qu'il veut mais ne les changer pas.

Vos amis refusent de vous voir tel que vous êtes ? Eloignez-vous d'eux si possible et continuez à avancer. Sans relâche.

Personne ne croit en vous et vos rêves ? Allez vers ceux qui le feront.

Je n'essaie pas de vous révolter, non, loin de là. Je vous demande juste de prendre votre vie en main et de ne laisser personne vous priver de la liberté de choix car même les jumeaux naissent avec deux corps différents, deux esprits différents et deux âmes différentes.

Ne soyez l'ombre de personne car personne ne mourra avec vous et personne ne rendra compte à votre Dieu que vous-même.

Quelle que soit votre confession religieuse, sachez qu'aucune divinité ne peut priver à l'homme la possibilité de faire ses propres choix. Alors comment un humain tel que vous, vous priverez de cette liberté ?

" Je mets devant toi la vie et la mort, le feu et l'eau...choisit la vie afin que tu vives" **Deuteronome, Sainte Bible.**

Une ambition qui réussit

"Qui ne planifie rien, planifie son échec" **Youssoupha**

Rien n'arrive au hasard. Mal melangés des bons ingrédients peuvent donner une mauvaise recette.

La syntaxe est toujours très importante dans la réalisation des choses. Or comment peut-on avoir une syntaxe sans déjà avoir un plan ou guide?

Avoir une ambition, un projet ou un objectif dans la vie n'est pas suffisant. Il faut planifier sa réalisation et mettre le plan en marche. Etre prêt et toujours prêt à adapter le plan mais ne jamais changer d'objectif. Avoir un plan B, C, D, ou même E s'il le faut.

Le plan d'action est nécessaire et important. Par exemple si vous voulez devenir millionnaire c'est un objectif mais qui n'est pas précis :

- *Vous voulez avoir combien de millions?*
- *Quand?*
- *Par quel moyen?*
- *Pour en faire quoi?*
- *À quel âge?*
- *Comment comptez-vous vous y prendre si la première méthode échoue ?*

Là sont différentes questions pour vous envoyer à comprendre qu'il vous faut un plan. Un plan parfaitement établi qui vous conduira à votre objectif. Et votre plan doit commencer par des petits pas.

Voici une petite anecdote

Un jour, alors que je parlais à un ami de mon ambition de me faire des millions, il me fit une réponse très intriguante : « Tu ne peux pas penser aux millions pendant que tu es incapable de produire 100dollars. Si tu veux créer une entreprise de 10000 dollars rassure-toi que tu peux trouver 5000 dollars de toi-même ». Pour moi, sa réponse voulait tout simplement dire : il te faut avoir un plan pour gagner 100 dollars, ensuite 1000 dollars et puis 10000 dollars et un million viendra.

"Commencez par faire ce qui est nécessaire, puis faites ce qui est possible et vous vous verrez accomplir l'impossible" Je ne connais pas l'auteur de cette parole mais elle est de loin la plus vraie que j'aie déjà entendue.

Ecrivez tout

Asseyez-vous maintenant prenez un stylo et un papier et posez-vous la question suivante :

- *Quelle est mon ambition dans ma vie, ma passion ou mon plus grand rêve ?*

Reflechissez sans limites et sachez très bien que vos limites seront celles que vous vous fixerez vous-mêmes. Rien n'est impossible. Si un engin volant qu'on appelle « avion » a pu exister, c'est dire qu'un villageois peut aussi présider tout un pays.

Rêvez grand.

Detaillez votre rêve avec le moindre détail possible. Soyez clair et précis. Personne n'ira exaucer le rêve d'une personne qui ne sait pas ce qu'elle veut précisément.

Prenez votre temps, cela peut vous prendre même un jour, une semaine, un mois voire même des années. Mais rassurez-vous que c'est exactement là ce que vous voulez. Ne tenez compte de personne ni de rien, tenez compte de vous et ce que vous voulez.

Ne prenez pas le risque de fixer des objectifs par contrainte ou pour plaire à une personne. Vous risquerez de passer votre vie entière à le regretter.

Si votre plus grand objectif dans la vie est de rendre vos parents fiers de vous, alors fixez-vous des petits objectifs qui vous permettent de réaliser pratiquement cet objectif.

Si votre plus grand rêve est d'être entrepreneur, alors soyez précis, vous voulez entreprendre dans quel domaine? Où? Quel est votre objectif sur votre vie spirituelle? Quelle dimension voulez-vous? Quelles croyances avez-vous?

Que voulez-vous pour votre vie sociale?

Qui voulez-vous comme partenaire? Quelle taille cherchez-vous? Quel comportement?

Ne vous basez pas seulement sur la richesse ou l'accumulation de l'argent.

Soyez clair et précis sur tout ce que vous voulez dans tous les domaines de la vie : *spirituel, social, conjugal, etc…*

Soyez sûr et certain que vous n'avez rien oublié. Lisez vos objectifs que vous vous êtes fixé chaque matin au reveil et chaque soir avant de dormir…

Le matin posez-vous cette question : « qu'est-ce que je veux faire aujourd'hui qui m'avancerait d'un pas de plus vers mon objectif? »

Le soir demandez-vous : « qu'est-ce que j'ai fait aujourd'hui qui m'avance d'un pas vers mon objectif? »

Faites cet exercice chaque jour et vous serez entrain de changer le cours de votre vie entière. Car ainsi fonctionne la loi de l'attraction (*Rhonda Byrne*) tout ce à quoi vous pensez vous l'attirez vers vous. Alors pensez souvent à vos objectifs, à ce que vous voulez vraiment.

N'ayez le temps pour rien d'autre. Allez aux toilettes entrain d'y penser, partez au marché entrain d'y penser, dormez entrain d'y penser, que rien ne vous arrête jusqu'à ce que cela vienne à vous.

Le defunt basketteur *Kobe Bryant* avait un jour dit lors d'une interview :

Quand je fixe un objectif je n'ai pas le temps pour tout le reste qui n'entre pas en concours avec mon objectif. Du coup des fois même ma propre famille en souffre et sur le chemin je perds beaucoup d'amis.

Un auteur dont le nom m'échappe avait écrit " *Vous perdez beaucoup de gens quand vous commencez à être sérieux sur votre vie et vos objectifs*"

Alors soyez préparé, vous perdrez certainement trop de monde près de vous. Nombreux vous prendront pour révolu. D'autres pour débile mental mais vous et vous seul serez capable de les prouver qu'ils avaient tort en réussissant, en grippant l'échelle du succès.

Mais dans tout et pour tout ne réussissez pas pour eux, réussissez pour vous-même.

Cela ne concerne pas que de l'argent. La richesse est un état d'esprit.

Si vous voulez être riche sentez vous déjà riche dans votre peau, de la même manière la douleur est un état d'esprit, l'obésité, la joie, le malheur…Tout ce que vous voulez vous pouvez l'attirer vers vous.

Vous voulez guérir de votre maladie; oubliez que vous êtes malades et concentrez-vous sur votre guérison;

Vous voulez perdre du poids, oubliez que vous êtes en surpoids et concentrez- vous sur votre poids idéal.

Cela n'a rien à faire avec la nourriture ou les régimes alimentaires forcés. Cela a beaucoup à voir avec votre pensée et votre perception de vous-mêmes.

En vous concentrant sur le poids que vous voulez et pas sur celui que vous ne voulez pas, vous vous trouverez entrain de faire du sport et aimer cela car vous ne vous sentirez pas forcé à le faire. Vous vous trouverez entrain d'éviter des aliments toxiques fièrement car vous savez ce que vous voulez. Prenez du plaisir dans tout ce que vous faites, développez de la passion pour vos désirs et rien ne vous sera impossible.

Je reviens sur l'esprit pour vous montrer combien avec votre esprit vous pouvez accomplir des miracles.

Alors établissez des plans pour parvenir à ces miracles. Les miracles ne viennent jamais à vous, c'est vous qui allez vers eux.

Ayez des plans bien précis pour la réalisation de vos projets et perspectives d'avenir;

Soyez programmé comme des horloges et regardez calmément le miracle se réproduire.

Ne dites pas que vous n'avez pas assez de temps ;

Que vous êtes trop vieux pour recommencer,

Que vous n'êtes pas assez intelligent pour ceci ou cela; …

Ayez juste foi en vous et mettez-vous au travail le reste Dieu se chargera lui-même de vous le donner.

Morgan freeman a eu son premier rôle important dans un film étant déjà vieux.

Soundiata Keyta, infirme de naissance, a renversé le pouvoir de l'empire du Mali et en est devenu roi

Abraham Lincoln villageois d'origine a appris la politique dans la rue et est devenu président des Etats Unis

Sylvester Stalone, pauvre d'origine vivant dans un studio de moins de 2m2 a su battre carrière et créer une fortune derrière lui.

Innocent Balume dit INOSS B, un natif d'un quartier pauvre de la ville de Goma a cru en lui et a battu carrière dans le monde musical alors qu'il n'avait que 13ans. Aujourd'hui sa musique est écoutée partout dans le monde.

Et ainsi de suite…

Cela importe peu votre âge, origine, destin, ou famille; tout ce qui importe c'est vous et votre plan d'action pour réaliser votre but.

Chapitre troisième
Ne troquez pas votre avenir pour un plaisir

" Ce qu'un homme aura semé, il le moissonera"

Nouveau Testament

Personne et vraiment personne ne déteste se faire plaisir. N'agir que comme si demain n'existera pas, c'est de la nature des humains.

"Mangeons, buvons car demain nous mourrons" dit-on.

Mais demandez-vous un peu et si demain vous ne mourrez pas? Si vous devriez vivre aussi longtemps que Warren Buffet? Voudriez-vous passer toutes ces années à manger et boire car demain vous allez mourrir?

Le plaisir en soi n'est pas une mauvaise chose, il est d'ailleurs conseillé d'en avoir mais avant de vous offrir tout le plaisir que vous désirez, posez-vous cette question: « qu'est ce que cela m'apporte à long terme ? Si je devrai vivre encore 5ans de plus cela m'aurait aidé à quoi? »

Lisez un peu cette histoire

Abel est un jeune diplomé de l'école secondaire avec mention distinction.

Un avenir glorieux l'attend donc à bras ouvert.

D'une famille modeste, ses parents décident de l'envoyer poursuivre ses études universitaires à Londres. Là bas, il habite chez un de ses oncles.

Arrivé à Londres il y a à peine 4 mois, Abel a des relations sexuelles avec la femme de ménage qui travaille chez son oncle. Ils couchent ensemble chaque nuit à leur risque et péril. Mais un jour, l'oncle découvre Abel entrain de sortir au petit matin de la chambre de la femme. Abel veut s'expliquer et raconte un grand mensonge en disant qu'il allait demander ses habits lessivés la veille par la femme.

Mais voilà 4 mois après, la femme de ménage tombe enceinte.

Abel fait ses bagages et fuit la maison...

Il demeure introuvable des jours, des mois pour enfin découvrir qu'il a déjà rejoint la rue et est desormais un sans-abri.

Ses parents font tout pour le rapatrier au pays. Enfin de compte, il rentre et devient un alcoolique de haut niveau passant toutes ses journées à silloner les petites maisons de boisson du quartier pour rentrer tard la nuit ivre et dormir.

C'est sûr et certain qu'en lisant vous vous dîtes « quel con, il a gaché son avenir ». Mais demandez-vous combien en font pareil chaque année. Combien de grossesses indésirées brisent l'avenir des jeunes chaque année en Afrique? Plus d'un millier.

Combien de personnes croupissent dans des prisons parce qu'elles ont voulu se faire plaisir? Plus des centaines de milliers.

Je ne connais pas d'émotions ou sentiments puissants comme celui du sexe. C'est le plus grand stimulant de tout le temps. Cela ne touche pas seulement les jeunes, non. Mêmes les vieux pères, des hommes mariés sont à la recherche du plaisir sexuel que leur partenaire n'arrive plus à satisfaire. Je ne suis pas d'accord parceque je crois que tout ceci se passe dans la tête. De penser que l'autre ne me satisfait plus.

Voici quelques uns des problèmes qui ont conduit nombreux à la ruine d'origine sexuelle :

1. La pornographie

Elle est le plus grand défi des jeunes. Le plus grand déli qui puisse exister de nos jours.

Nul part on écrit à consommer avec modération. La dépendance à la pornographie croît avec le temps et la visualisation.

La première conséquence de cette dernière est la masturbation. Elle est devenue tellement coutumière chez nombreux que s'en sortir semble impossible pour eux.

Ils savent que ce qu'ils font ne les aide en rien et ne les plait plus mais ils ne peuvent pas s'empecher de le faire. Moi même j'en ai été victime de très longues années et je sais combien j'ai dû souffrir pour pouvoir m'en sortir.

Si la personne qui avait pensé à diffuser ces images et rendre cela accessible à un petit de 13 ans pouvait savoir combien des rêves il tue chaque jour, combien de mariages ils brisent chaque mois, combien de batards il ramène au monde chaque année, combien d'orphelins il a créé, combien de femmes se sont faites violer par sa faute; il ne serait pas en paix même dans l'au-delà. Tout commence par une pensée, une photo indéscente visualisée sur les réseaux sociaux, une conversation orientée sexe, un habillement sexy, etc…et se termine par une éjaculation dans les toilettes, la douche ou la chambre.

Je sais que nombreux sont hypocrites à ce sujet, même les filles le font de nos jours, et préfèrent jouer les saintes nitouches mais avec l'hypocrisie vous ne vous serez jamais aidé.

À moins que vous aimiez cela, voyons un peu comment avec un peu d'effort on peut s'en sortir. Et souvenez-vous rien et absolument rien n'est impossible.

1. a. changez vos pensées et fuyez la solitude

Vous souvenez-vous que dès le début j'insiste sur la pensée. Et bien oui vos pensées sont le début de vos actions. Ne laissez pas place à des mauvaises pensées. Vous pouvez les contrôler et d'ailleurs vous devez les contrôler.

Dès qu'une image à caractère pornographique vous pousse à la pornographie et que si cela vous revient en permanence en tête, chassez-la et pensez à autre chose. Modifiez immédiatement votre pensée et changez d'endroit. Ces genres de pensées intervienent souvent quand vous êtes seul.

Ne les laissez pas se développer jusqu'à leur équivalent physique. Si elles deviennent plus fortes que vous au début, changez de place et allez en parler à un ami proche, un psychologue, un grand sage et discret que vous connaissez, un frère ou une soeur. Ne soyez pas hypocrite, allez vers eux et dites-leur : « Mon cher, Ma chère les pensées pornographiques me hantent, permets-moi de rester au près de toi pour les chasser, occupons-nous autrement stp ».

Votre honnêteté vous aura sauvé. Car de la pornographie peuvent découler les envies sexuelles.Vous trouverez cela difficile au début mais si vous voulez vraiment changer, je ne connais pas mieux que cette méthode. Allez vous confier à une personne saine d'esprit, sortez faire un tour pour chasser ces pensées et ne les laissez pas s'aggrandir, se développer et vous détruire par la suite. Ne vous tentez pas vous-même croyant que vous tiendrez le coup. Même la Sainte Bible conseille aux fidèles croyants de fuir face à l'impudicité.

Et surtout ne vous dites jamais que vous êtes devenus trop dependant. Que c'est impossible de s'en sortir, non et non. Je dis non.

Ayez foi et soyez déterminé car l'impossible n'existe pas.

1. b. Ne vous tentez pas vous-mêmes

La plupart du temps nous nous tentons nous-mêmes alors qu'au fond nous savons être incapables.

Au début, quand je commençais à me débarasser de la pornographie, des fois, je me disais : « Attend je me connecte un peu dans leurs sites pour voir si je veux résister et sortir de ce site sans en regarder une seule ». Mais vous vous en doutez. Le résultat était toujours catastrophique.

Énumérez toutes ces petites choses, ces événements ou ces actions qui vous poussent souvent à bout et évitez-les à tout prix.

Par exemple :

Si vous savez que vous êtes trop tenté quand vous avez beaucoup de forfaits internet, alors n'achetez que quelques mégas suffisants pour vos besoins.

Si vous savez que facebook, instagram ou twitter est souvent à l'origine bloquez toutes ces personnes qui publient des photos indécentes ou desinstallez carrément l'application comme je l'avais fait.

Si vous savez que votre copine ou copain en est l'origine soyez clair et dites-lui, noir sur blanc, ce que vous en pensez ou quittez-le.la.

Ne laissez rien et absolument rien se mettre entre vous et ce que vous voulez et vous accomplirez des miracles dans votre vie. Ne soyez pas complaisant avec ce qui ne vous arrange pas, et ne soyez jamais ce que vous ne voulez pas juste pour plaire à une personne ou juste parce que vous ne savez pas comment vous en sortir. Adressez-vous à celui qui en sait plus que vous et il vous orientera.

Je le dis et je le repète encore RIEN N'EST IMPOSSIBLE, il vous suffit juste de savoir ce que vous voulez et vous l'obtiendrez.

2. *Le mauvais choix de partenaire ou une jeunesse prolongée*

De nos jours on ne sait plus différencier un homme marié de celui qui ne l'est pas. On dirait que ça dépend maintenant de celui ou celle qui pose la question. Vous ne le saviez peut-être pas encore jusqu'à aujourd'hui mais un homme marié sur cinq est fidèle à son épouse. Les menages sont maintenant pleins des demi-frères que cela semble normal à présent. Non ce n'est pas normal. Vous l'ignorez peut-être mais ces enfants souffrent trop.

Ils subissent le poids de vos actes.

Aucune épouse, époux ne pourra un jour aimer et chérir un enfant de son rivale pendant qu'il/elle a ses propres enfants; surtout chez nous en Afrique.

Les aventures extraconjugales se multiplient et battent le record aujourd'hui. Mais qu'est ce que ces hommes ou femmes mariés cherchent? Qu'en est-il la cause?

Premièrement la cause vient d'une illusion sexuelle : Après plusieurs relations chaudes dans la jeneusse, vous épousez finalement un mari ou une épouse qui n'en connait rien à vos caprices sexuels ou qui n'est pas toujours d'accord avec vos méthodes et envies. Ou tout simplement avec le temps et le poids de l'âge elle/il ne parvient plus à satisfaire vos attentes.

Mais soyez calme, ce n'est pas votre partenaire le problème mais vos mauvaises habitudes et pensées sexuelles. Vous croyez qu'un peu plus jeune fera mieux l'affaire, avec un peu plus des fesses ou de seins mais tout cela n'est-ce pas les fruits de votre imagination? De vos pensées? Ou de vos habitudes perverses? Et souvent de la pornographie?

Votre partenaire était plutot la bonne personne au début n'est-ce pas ? Elle n'a pas changé non! Vous l'avez fait changer. Vous êtes l'unique cause de votre déviation.

Asseyez-vous et trouvez un terrain d'entente avec votre partenaire.

Ne pensez pas que plus jeune ou je ne sais comment vous donnera plus d'orgasme ou de je ne sais quoi.

Ne ruinez pas vos mariages pour un plaisir de quelques minutes que vous pouvez obtenir de votre conjoint ;

Ne faites pas souffrir vos enfants pour un plaisir ;

Ne risquez pas la prison pour un plaisir ;

Ne donnez pas naissance à des enfants qui auront des noms comme batards, demi-frères/soeurs, qui souffriront et passeront de menage à menage par erreur d'un plaisir ;

Ne troquez pas votre avenir pour un plaisir ;

Je veux me réserver et me limiter par là sur la question des mariés.

Cher Jeune, Musez toujours sur le long terme pas le court,

Prevenir sera toujours mieux que guérir.

Ne soyez pas pressé, travaillez d'abord et vous pourrez en manger les fruits calmement et aisement. La vie a trop à vous offrir rassurez vous juste d'être prêt à le recevoir quand le moment arrivera.

Chapitre quatrième
Les réseaux sociaux et l'internet

"Les réseaux sociaux nous ont assommés,

À force de regarder celles des autres

Nos vies nous passent sous le nez"

Monsieur Fale Alias Lefa

Vu hier à 2h00

Vu aujourd'hui à 11h00

En ligne il y a 5 minutes

En ligne

Vous passez le trois quart de votre temps devant les écrans (Téléphone, ordinateur, télévision,). Vous vous couchez tard la nuit et vous vous réveillez tard dans la matinée en touchant en premier vos écrans.

Les relations humaines n'ont plus leur place dans votre vie. Tout le temps concentré sur votre téléphone, votre téléphone ou votre ordinateur. Vous ne pouvez plus sourire sans penser à prendre une photo.

Tous les moments de la vie sont tellement immortalisés qu'ils n'existent presque plus...On trouve désormais des personnes entrain de rire seules en cours de route, une salle remplie des personnes qui ne peuvent rien se dire en face mais discutent trop sur les réseaux sociaux... La technologie a tellement avancé qu'au lieu d'en profiter nous en abusons.

Vous qui suivez des films qui sont censé être des illusions dites moi un peu dans lesquels de ces films vous trouvez des acteurs passer tout leur temps devant des écrans si cela n'est du moins leur travail ou gagne pain?

Il est impossible de vivre sa vie quand on la passe devant un écran entrain d'admirer celle des autres. Difficile d'apprécier les gens quand on ne les cottoie que sur les réseaux sociaux.

Utiliser un téléphone, un ordinateur, une télévision n'est pas en soi une mauvaise chose mais rassurez-vous que c'est bien vous qui les utilisez et pas le contraire.

Que ça soit sur *whatsApp, Facebook, Twitter, Tik tok, Instagram, Snapchat* ou quel autre réseau social que ce soit des centaines des milliers si pas des millions des personnes sont connectées toutes les dix minutes. Mais la plupart du temps c'est pour échanger des messages inutiles, des sextos, ou tout simplement publier des photos et leurs activités quotidiennes.

Tout cela n'a rien de mauvais mais est-ce que cela mérite d'y passer toute la journée et dormir tard la nuit juste parce qu'on doit voir les publications ou causer incessamment avec une personne?

Le grand génie de tout le temps *Albert Einstein* en avait parlé comme s'il connaissait déjà que cela était inévitable : " *Je crains que n'arrive cette époque où les écrans (téléphones) auront remplacé les relations humaines. À cette époque on aura une génération des idiots*". Je ne me souviens plus si c'était exactement cela ses mots mais c'était plus ou moins ce qu'il voulait exprimer.

Vous ne pouvez pas passer toute votre vie dans un monde imaginaire et espérer réussir dans la vraie vie.

Ces plates formes sont conçues pour que vous puissiez y passer le plus de temps possible. La dépendance qu'elles créent est plus grave que celle de la drogue ou l'alcool. Vous ne savez pas que vous êtes dépendant tout en l'étant.

Mon petit frère m'avait un jour demandé de verifier un truc pour lui sur *whatsApp* et là je lui dis que ça va faire presqu'une semaine je ne suis pas connecté. Il craqua directement et me cria dessus : He !! Abel? Serieusement? Comment tu peux réussir un truc pareil? Déjà moi seulement trois jours sans me connecter je me sens en manque.

Et de là je lui apprends que j'ai même supprimé *facebook* de mon téléphone et que désormais je l'installerai chaque fin du mois juste pour voir ce qu'il y a eu de plus important, messenger me suffit pour joindre certaines personnes importantes sur *facebook*. " *Hum! Jamais* " repliqua-t-il.

Franchement je ne connais pas meilleure distraction depuis que *Facebook* est devenu gratuit.

C'est tout le monde qui y passe ses journées à présent mais ce que ces gens ne comprennent pas est qu'il n'y a rien d'intéressant làba qui méritерait toute une journée. Cela ne fait que vous empêcher de penser et de vous concentrer sur ce qui est vraiment important pour votre vie.

Les filles et les garçons se font draguer comme pas possible ces derniers temps sur *facebook*. Et chose grave ils n'ont que ça à faire.

J'avais essayé de demander à quelques uns de mes amis pourquoi ce comportement devient-il grandissant et inquiétant ils m'avaient juste répondu " *Mais on a rien à faire, il n'y a pas cours, pas de boulot, pas de travail à la maison, pas de devoirs. Alors quoi de mieux que se distraire un peu?"*

Pensez-vous que vous pouvez manquer à faire? Vraiment?

Vous qui ne savez même pas où vous aurez l'argent pour les forfaits internet demain.

Vous qui ne savez pas jusque là qui vous voulez vraiment devenir?

Découvrez quelle personne vous miroitez dans le futur quand vous vous regardez dans le miroir et vous n'aurez plus besoin de perdre une seule minute de votre temps entrain de penser que vous n'avez rien à faire.

Seulement nous ne réalisons jamais à quel point nous sommes trop paresseux et fier de l'incertitude.

J'avais demandé à une amie à moi qui ne venait que de totaliser ses dix-huit ans si elle fait quoi de ses journées, elle m'avait dit " *rien apart m'ennuyer grave"*.

Puis je lui ai encore demandé quel genre *de personnalité rêve tu devenir dans ta vie?"*

- " *Je ne sais pas"* fut sa réponse

Après quoi je lui avais suggéré de passer ses journées à essayer plutot de découvrir sa passion

Deux jours après je lui demande où elle en est et écoutez sa réponse

- *" Ah! C'est un grand travail ennuyant. Passez seulement mon temps entrain de penser, non vraimrnt. J'ai essayé et puis je me suis retrouvé entrain de penser à autre chose".*

Voyez-vous combien nous ne savons plus ce qui est important dans notre vie à cause des illusions que nous font vivre les réseaux sociaux?

On observe ça et là des jeunes gens entrain de clamer :

- *Par chance du destin je serai ingénieur ;*
- *Avec la grâce de Dieu je serai riche ;*
- *Un jour je trouverai un meilleur emploi et j'aurai une belle famille riche.*

Tous vos rêves d'enfance, tous vos rêves de jeunessse s'envolent souvent quand vous devenez adulte parce que tout simplement vous ne les AVEZ PAS POURSUIVIS.

Le destin n'existe pas, la chance n'existe, les coïncidences n'existent pas. Mettez toutes les chances de votre côté et vous comprendrez que la chance ne vous a pas aidé mais vous avez guidé la chance à vous. Le destin n'est que le résultat des multiples choix accomplis dans la vie; l'ensemble de toutes ces décisions que vous avez prises de près ou de loin dans votre vie, voilà le destin. Vous en êtes le seul et l'unique créateur.

Formuler tous ces vœux au nom de la chance et du destin est la pire des erreurs que vous ayez commises.

Formuler les au nom du travail, du désir, de l'envie, de l'intelligence et de la foi et vous n'aurez jamais à utiliser des mots comme *" on ne sait jamais dans la vie", "ce n'est qu'un rêve"*, ou encore vous éffondrez face à cette parole que les grands malheureux ayant fait des mauvais choix dans leur vie aiment utiliser pour vous décourager *" Tous nous avons dit cela quand nous étions encore de ton âge"*. Ne les écoutez pas, vous n'êtes pas eux et ils ne sont pas vous. Vous ne ferez pas les mêmes erreurs qu'eux, voila comment vous devriez leur répondre.

Jésus lui-même n'a-t-il pas dit à ses disciples " *Tout ce que vous demanderiez au Père si c'est dans sa volonté, il vous l'accordera"*. Alors dites moi quel est ce Père qui n'aimerait pas voir son enfant riche et prospère?

Vous avez juste besoin de vous éloigner de tout ce qui ne concourt pas à vos objectifs et vous contemplerez les bras croisés votre succès.

Utilisez-les, ne les laissez pas vous utiliser

Regardez même la routine de vos parents et vous remarquerez qu'ils sont rarement connectés. Aucune vie ne se construit sur facebook ou je ne sais quel site, à moins que vous ayez un contrat avec ces réseaux pour vous payer sur vos vues.

Des nombreux youtubeurs gagnent leurs vies grâce à youtube, des tiktokeurs de même.

Si au moins vous devez y passer trop de temps, faites que cela soit avec un but : soit vous êtes journaliste et vous collectez tout et rien, soit vous cherchez à vous informer constamment sur tel ou tel événement, ou soit tout simplement vos vues vous font gagner de l'argent.

N'acceptez pas de passer la moitié de votre temps pour rien. Il n'y a rien pour rien au monde. Même vos amis acceptent de passer trop de temps à vos côtés souvent parce qu'ils savent ce qu'ils en gagent.

Pendant que vous surfez des nuits, des journées entières *Mark Zukerberg* voit ses milliards grimper, *Google* voit son chiffre d'affaire augmenter, *Jeff Bezos* s'enrichit d'avantage et ainsi de suite… Alors enrichissez-vous au même moment qu'eux.

" L'information c'est la marchandise des rois" **Anthony Robbins**.

Le monde est devenu, aujourd'hui, un petit village planétaire. Toute information est desormais accessible en direct ou après même sa diffusion. Tout se trouve sur internet de nos jours. C'est le vingt et unième siècle d'après tout, et vous vous lamentez ne pas avoir assez des ressources pour réaliser vos rêves?

Avez-vous essayé un jour de soumettre votre projet à des investisseurs en ligne? Je crois non.

Avez-vous un jour essayé de voir combien d'offres de ton emploi de rêve sont disponibles chaque mois, année dans le monde? Je pense non.

Avez-vous déjà été vérifié combien de bourses d'études sont offertes par votr école, université de rêve chaque année? Je crois non.

Vous avez seulement suffisamment des forfaits internet pour aller sur *facebook, whatsApp, Snapchat, Instagram,* mais, jamais pour vous informer. Et beaucoup de temps pour vous lamenter de la mediocrité du gouvernement, de la crise économique, des problèmes du pays, du taux de change et encore beaucoup plus pour aller à l'Eglise sans jamais changer de comportement car vous ne savez tout simplement pas ce que vous voulez vraiment. Vous nagez dans l'incertitude et le tatonnement, l'hypocrisie et la peur du lendemain, la honte de ce qu'en penseront les autres.

Et à la fin vous faites comme tout le monde pour paraître civilisé et chic alors que vous vous perdez vous-mêmes dans cette soi disant civilisation. Ne pas passer votre journée sur facebook, insta ou je ne sais quel autre site ne fait pas de vous un moins civilisé tant que cela vous aide à vous concentrer sur votre vie et ce que vous jugez essentiel pour vous garantir un avenir certain et à risque reduit…

Les réseaux sociaux et la télévision sont de bons produits comme le sucre, le fromage, et le fastfood mais qui sont tous à consommer avec modération si non les conséquences sont encore plus nefastes que leur bonté.

Chapitre Cinquième
La religion face au succès

" La rélegion c'est l'opium du peuple"

Karl Max

"Peut-on être riche et aller au ciel?" Une très bonne question dont le millionnaire africain *Ricardo KANIAMA* a écrit tout un livre.

- *"La Bible dit..."*
- *"Le coran dit...*
- *"La nature nous enseigne..."*
- *"L'univers prouve..."*

Le monde est plein des religions qu'on ne sait plus reconnaître qui iront au ciel, qui ont la bonne parole de vie, qui prêchent la vérité, qui est un bon prophète et qui en est un mauvais. Lequel est le vrai Dieu ou lequel exauce les prières. Néanmoins tous les dieux, ou Dieu répondent aux prières de leurs fidèles croyants à ce que je sache. Car qui continuerait à prier un *Dieu* qui ne répond jamais?

La question de qui est le vrai *Dieu* ou la vraie réligion n'est pas ma préoccupation. Je respecte toutes les réligions et je considère sacré le droit de réligion. Par contre la question de savoir si nos réligions nous aident à avoir du succès dans nos vies est ma plus grande préoccupation.

Je n'ai jamais foulé une mosquée, je ne sais pas ce qui s'y prêche ou ce qui s'y passe; mais j'ai déjà vécu avec des musulmans.

Je n'ai jamais été chez les kimbanguistes, boudhistes, et autres églises pas trop populaires.

Par contre, j'ai déjà été Chrétien catholique, protestant, adventiste, et témoin de Jehovah.

Tout ce que je peux vous dire est qu'aucune de ces réligions ne vous prêche à être pauvre. Ou à vivre en desaccord avec vous-même.

Toutes vous apprenent à respecter Dieu et suivre ses règles et commandements et la prospérité viendra à vous. Cependant, ce qu'elles oublient de vous dire souvent haut et fort est que même une prière et un jeûne de quarante jours *ne peuvent pas donner du travail à un paresseux.*

*"Priez n'empèche pas de travailler"***Pasteur Marcello Tunasi**

Aucune prière ne peut vous donner ce que vous même vous ne savez pas. C'est pourquoi vous veillez dans des églises entrain de demander à *Dieu* un travail ; mais quel travail?

Vous n'êtes même pas précis dans votre demande et vous croyez que c'est à *Dieu* d'être précis à votre place?

Aucune religion du monde n'est contre le succès, néanmoins certaines vous détournent du succès. Et cela arrive uniquement quand vous commencez à vénérer l'église et à penser que si vous n'y êtes pas allé la semaine entière vous n'êtes plus un bon croyant. Ma soeur, mon frère tout au début j'ai commencé par bien dire : sachez ce que vous voulez pour votre vie spirituelle.

Selon vous, pourquoi les églises sont tojours pleines à craquer mais dans la vraie vie seulement peu ont de la foi, de la croyance et un comportement digne de leur réligion? Même certains dirigeants sont le contraire de ce qu'ils prêchent.

La première raison est l'héritage réligieux.

On n'hérite pas d'une réligion ; on la choisit.

Vous êtes protestant à cause de vos parents n'est-ce pas?

Vous faites semblant d'être catholique pour plaire à votre mère n'est-ce pas?

Personne ne viendra vous sauver à part vous-même. Sachez dire non quand ça ne vous arrange pas et surtout rappelez-vous que ce sera toujours ce que "Vous" vous voulez et puis ce que les autres attendent de vous viendra après.

La deuxième raison c'est l'hypocrisie de croyance.

Vous êtes dans une réligion mais vous ne croyez plus à ces histoires, ça ne vous fait ni chaud ni froid. On peut vous prêcher de midi à quatorze heures et vous ne changerez d'un orteil votre comportement.

Mais vous êtes en même temps incapable de dire non et d'aller à la foi qui vous convient le mieux parce que vous avez tout simplement peur de ce que dira papa, maman ou votre frère.

Si vous n'aimez pas que votre réligion vous interdise l'infidélité par exemple et que vous ne croyez pas que cela soit logique ou écrit, changez de réligion et arrêtez de salir l'image des fidèles de cette réligion par vos comportements contraires.

Si vous ne croyez pas que mentir soit un péché, allez tout simplement là où vous n'aurez pas besoin de garder votre langue des mensonges.

Savoir ce que vous voulez est primordiale dans tout et partout et c'est là le grand secret de la vie.

Comment allez-vous prier le même Dieu que vos frères et soeurs dans la foi alors que vous ne croyez pas aux recommandations de ce *Dieu* et ne les respectez pas? C'est une cause perdue d'avance je crois.

C'est pourquoi dans les chorales des églises censées être Chretiennes, les chantres s'engrossent entre eux ; se font des fêtes païennes à chaque occasion de fête. Ils se mentent à eux-mêmes.

Des jeunes gens qui partent tous les jours dans des mosquées mais alcooliques au premier niveau ;

Des jeunes qui se disent chretiens et ne manquent jamais dans des affaires de malhonnêteté ou d'impudicité;

Des puissants pasteurs qui tombent face à l'adultère comme des bébés spirituels;

Mais cela n'empêche pas les églises de se remplir chaque jour car ils se complaisent dans le mal.

J'ai toujours félicité et je féliciterai toujours ces grands hommes qui ont su se mettre sur la ligne droite et briller spirituellement. Qui n'ont jamais établi de compromis avec ce qui leur sont interdits par leur loi réligieuse. Je ne peux en citer les noms mais ils existent ces hommes là et croyez-moi ils ont tellement évolué et connu autant de succès dans leur vie à l'instar du géant indien de la foi et la sagesse *Mahatma Ghandi*.

Ne me prenez pas trop de rigueur à ce sujet, j'en parle parce que personne ne le fait alors que pour moi l'inquiétude devient grandissante.

S'agissant d'un sujet particulièment sensible, je n'ai fait qu'éfleurer le sujet sur les délits de ceux qui se disent fidèles d'une telle ou telle réligion pour vous amener à comprendre qu'un échec sur le plan spirituel peut vous être fatale sur la route du succès.

Je ne suis pas *Dieu* pour vous juger et je ne jugerai personne mais je suis votre semblable pour vous demander de savoir ce que vous voulez vraiment et quitter ce que vous ne voulez pas.

Si quelque part mon analyse réligieuse vous a déplu je vous présente mes sincères excuses mais celles-là sont mes pensées quant à la place de la spiritualité dans la quête du succès.

Respectez votre vie sur le plan spirituel et de cette manière vous serez sûr de vous-mêmes et rien ni personne ne pourra vous arrêter dans votre quête.

Chapitre sixième
Le système éducatif

"L'école vous apprend un peu tout sur rien et rien sur tout"
Sonny Court, Youtubeur, motivateur

Entre un système éducatif révolu et une relation parent-enfant tendue, on a tout pour être médiocre et sans ambition. Déjà à dix-huit ans tout ce que vos parents, et la société vous auront appris c'est " prenez vos études au serieux et ayez de bonnes notes…

À part étudier et espérer d'un avenir meilleur vous ne savez rien faire d'autre dans la vie : développement personnel, relation interpersonnelle, gestion de l'argent, épanouissement social, l'auto-discipline… Tout cela parce que vos parents ne sont pas vos confidents et passent leurs journées à vous reprocher au lieu de vous approcher.

À l'école on ne vous apprendra jamais comment réaliser vos rêves, comment poursuivre vos objectifs, comment prendre conscience de vos faiblesses et forces, comment devenir riche, … Par contre on vous apprendra toujours comment se battre contre la vie, comment formuler une demande d'emploi, comment faire des calculs mathématiques, …

Ce qu'il ya de plus drôle avec le système scolaire est qu'il vous apprend toujours ce qu'il faut être mais pas comment il faut faire.

Vous êtes vous déjà demandé pourquoi vous étudiez les livres comme " *climbié"*, *"enfant noir"*, *" Kokumbo l'étudiant noir"*, *" Regard du roi"*, *"Un boy à pretoria"* et j'en passe…

Et non pas les livres comme *" comment se faire des amis"*, *"l'homme le plus riche de babylone"*, *" rendez-vous au sommet"*, *" la chèvre de ma mère"*, *" cadrant du cashflow"*, *"père riche, pèrepauvre"*, *" pensez et devenez riche"etc…*

Je me reserve de répondre à cette question à votre place. Etudiez ces livres en soi n'est pas une mauvaise chose pour la littérature. Pour moi ce sont juste des livres qu'on devrait lire pour divertissement ou loisir quand on aime bien lire. Et finalement qu'est ce qu'on apprend de ces livres à part la grammaire, l'orthographe et comment tirer des synthèses et conclusions?

Permettez-moi de le dire haut et fort LE SYSTEME EDUCATIF EST REVOLU. L'éducation est très importante, raison pour laquelle il faudrait qu'on revoit certaines cordes, si pas toutes les cordes du système éducatif afin de garantir un avenir aux enfants dans un monde comme le notre qui évolue à une vitesse de croisière.

Un jour j'avais lu une grande vérité sur les réseaux sociaux formulée comme suit : *comment convaincre nos enfants que les études sont la clé du succès pendant que les chômeurs sont des licenciés et les riches sans diplôme.*

Etudier est une très bonne chose, mais on étudie quoi?

De nos jours les parents semblent avoir plus besoin d'étudier que les enfants. Tout simplement parce que la plupart d'entre eux n'ont pas étudié et croient naïvement que s'ils auraient étudié ils auraient pu faire plus de fortune, construire une plus belle maison, parcourir le monde, offirir une meilleure vie à leur famille. Ce qui peut être vrai pour certains, la minorité.

Les études ne sont pas le problème mais les choix qu'ils ont fait dans leur vie. Voilà le défi qu'ils n'ont pas su rélever. Si non pourquoi y aurait-il autant des gradués de belles et grandes universités qui passent leur temps à jouer au jeu de dame dans le quartier? Pourquoi le taux de chômage ne fait que hausser chaque année et le taux des diplômés avec?

Estimons que chaque université congolaise produise aumoins cinquante étudiants chaque année et qu'il y en ait plus trois millles universités sur l'étendue nationale.

Ce qui veut dire que le Congo produirait chaque année cent cinquante milles licenciés par estimation.

La RDC serait-elle capable de produire 150000 emplois chaque année? Je ne crois pas non. Saurait-elle encadré 150000 chômeurs chaque année? Je crois non.

Demandez à vos enfants d'aller au cours mais apprenez-les bien que cela n'est qu'une alternative de la vraie vie. Apprenez-les à être prêt à s'en sortir le moment venu. Ne les apperenez pas à se battre contre la vie mais à savoir ce qu'ils veulent précisement pour leur vie. Ils se battront d'eux-mêmes.

Quand j'étais en quatrième primaire on avait étudié ce texte dont je ne me souviens plus correctement le titre mais je me souviens que notre maitresse nous faisait tous passer devant et nous poser une question qu'elle tirait du texte :

Quel metier veux-tu faire plus tard quand tu seras grand? Et toute la classe defilait devant, chacun donnant sa réponse :

- *Moi j'aimerai être prêtre*
- *J'aimerai devenir enseignant*
- *Plus tard quand je serai grand je deviendrai enseignant*
- *Etc...*

Le plus intriguant dans tout cela était que personne ne savait ce qu'il voulait vraiment devenir plus tard dans sa vie. Je devrai avoir neuf ans à l'époque.

Et à cet âge tout ce que je pouvais savoir de la vie c'était soit tiré à la télévision soit entendu à l'école.

Cet âge où tout le monde veut devenir président, prêtre, enseignant, etc…

Jusqu'à ce que je termine les études secondaires dans aucune classe on m'avait encore reposé la question. Pour moi ce jour-là, encore en quatrième, était le seul jour où j'avais vraiment étudié.

Ce qui me fait le plus mal au coeur est de constater que presque plus de la moitié des élèves diplomés de l'école secondaire ne savent pas encore ce qu'ils feront comme études supérieures. J'en avais questionné dix et seulement trois savaient ce qu'ils allaient étudier à l'université. Même moi je ne savais pas encore ce que j'allais faire quand je venais d'avoir mon diplôme j'avoue. Et ça c'est un très grand et sérieux problème.

On quitte l'école secondaire au minimum avec l'âge de dix sept ans et au maximum avec 23ans. Rares sont ceux qui y quittent avec 17ans, souvent c'est 18ans voire dix-neuf ans. Maintenant imaginez à l'âge de 18ans on ne sait pas encore quoi on doit étudier ni qui on veut devenir.

Or l'espérance de vie moyenne chez nous ne dépasse pas les cinquantaines d'âges pour les femmes sans parler de celui des hommes. Pour moi si tout le monde devrait savoir ce qu'il veut devenir réellement dans sa vie, ce qu'il veut faire vraiment de son potentiel de jeune, les universités seraient à moitié vides et tout le monde se hâterait d'en apprendre plus sur son domaine et ce qu'il veut réellement réaliser au lieu de s'encombrer avec plus de vingt cours dont on ne voit l'utilité que de quatre ou six tout au plus.

Mark Zukerberg n'a pas attendu son diplôme à *Harvard*, et il n'en a jamais eu besoin jusqu'aujourd'hui du moins

Steve Jobs n'a jamais été diplômé d'une quelconque université mais on l'invita à *Stanford* pour parler aux nouveaux licenciés

Abraham lincoln n'avait jamais eu de diplôme mais il a été le plus sage et sympa président que je connaisse

Je ne connais pas de diplôme d'universités au nom de *Bill Gates*

Alexander Graham Bell n'a pas eu besoin d'un diplôme universitaire pour inventer le téléphone

Vous remarquerez avec moi que tout ce qu'un homme peut apprendre de la vie et tout ce qu'un homme peut accomplir de grand dans la vie, il le fait surtout quand il n'est plus au banc de l'école mais quand il apprend de lui-même, de sa propre volonté et de sa propre initiative. Le monde a besoin des spécialistes et pas des généralistes. Et dans vos écoles et universités vous remarquerez que ceux qui sont venus dans cette ou cette autre option parcequ'ils aiment les études s'en sortent souvent très bien au cours. La volonté peut tout faire meme là ou il n' ya pas de diplôme.

L'éducation est la base de la connaissance mais n'est pas fatal ni déterminant au succès dans la vie. Voilà pourquoi je ne vous demande pas de quitter vos écoles ou vos universités. Je vous demande de déterminer ce que vous voulez vraiment pour votre vie et d'exploiter toutes les ressources pouvant vous y mener en abandonnant ce que vous estimez pour vous une perte de temps et un chemin opposé.

Chapitre septième *Les relations humaines*

"Le pouvoir d'influencer ses semblables est indispensable à un homme

Qui vit dans une société, quelle que soit sa profession"

Dales Carnegie

Partout où vous vous retrouvez vous ne cessez de traiter les gens d'insupportables, de ridicules ou de vaut à rien. Mais la question que chacun devrait se poser est : est-ce que moi je suis supportable?

Certainement tout être humain est plein de défauts et de qualités mais vous êtes plus vigilant quand il faut détecter les défauts mais moins attentioné aux qualités et ce penchant a tendance à être général pour tous.

Avez-vous déjà essayé d'aimer une personne que vous pensiez detester? N'est-ce pas que vous vous êtes rendu compte que vous vous trompiez tellement sur la personne.

Et bien moi si, j'en ai l'expérience : Quand j'étais encore en cinquième secondaire, il y avait cette bande de deux filles de la classe voisine qui ne se quittaient jamais. Elles étaient tout le temps ensemble et n'avait souvent presque personne d'autre à leur coté. Elles avaient l'air tellement supérieures et elles étaient toujours chic à l'école.

Je les détestais tellement que je ne savais pas l'imaginer. En même temps j'avais de l'admiration pour elles. Très contraire comme sentiment.

Nous passâmes tous de classe et en sixième c'était la même scène, toujours à deux et très chic.

Néanmoins cette année je commençais à parler à l'une d'entre elles sur facebook et elle était plutot sympa mais chose étonnante à l'école on ne se parlait pas.

On était inconnu à l'école mais amis sur facebook. Toute l'année s'écroula et nous eûmes tous nos diplomes. 1mois plus tard après l'obtention des diplomes on intensifia la conversation avec celle d'entre elles à qui je parlais et elle me fila le numéro de son amie et pour vous épargner une longue suite ces deux filles sont parmi les meilleurs amis que j'aie aujourd'hui. On peut des fois discuter des heures entières ensemble alors que deux ans en arrière on passait des journées ensemble sans se dire mot, ni se saluer.

Si vous comprenez bien le vif de cette histoire elle montre combien de fois la plupart de temps nous détestons des personnes innocentes sans raison ni cause. Qu'est ce qu'elles m'avaient fait pour ne pas les aimer absolument rien. Seulement je les jugeais à leur apparence et à ma manière. J'irai même très loin et dire à ma jalousie.

Oui, la plus grande raison pour laquelle certaines personnes ne peuvent tout simplement pas vous parler c'est parce qu'elles sont jalouses de vous mais cela n'a rien avoir avec vous ou quelque chose que vous leur aurez faite.

Il n'y a aucun espoir de succès pour une personne incapable de vivre en société, incapable de se faire apprécier par ses semblables. Vous pouvez être le plus intelligent, le plus malin, le plus déterminé que possible et tourner en rond toute votre vie si vous êtes à même incapable de vous entourer des personnes qui vous aiment bien et croient en vous.

ÊTRE CAPABLE DE TISSER DES LIENS AVEC SON ENTOURAGE EST INDISPENSABLE AU SUCCÈS dans quel domaine que ce soit de votre vie.

L'origine familiale

Comment pensez-vous survivre dans un environnement où personne ne vous apprécie? Comment comptez-vous avoir un meilleur rendement de vos employés alors que seule l'idée de penser à vous les rend mal à l'aise?

Cette erreur a couté cher aux familles africaines où la relation parent-enfant n'existe presque pas, et surtout chez les pères. Tout ce qui me lie à mon père c'est le fait qu'il paie tout pour moi et que je vis chez lui. On a aucune autre relation particulière, il ne connait pas ma date d'anniversaire, il n'est jamais venu à l'école pour m'assister, même quand j'étais le plus brillant de mon école, quand il est au salon on disparait tous, quand on est heureux avec mes frères/soeurs il nous demande de baisser la voix on le derange, etc… n'est-ce pas les relations que plus de la moitié des africains entretienent avec leur géniteur? Avec la maman là ça va vraiment dans la plupart des menages, elle est toujours là et elle sait toujours tout de ses enfants.

Vous fermez peut-être les yeux à ces problèmes de manque d'intimité entre vous et vos parents mais cela affecte votre vie, vos relations et réactions avec les autres directement ou indirectement.

Des fois même cela va très loin et se perpétue entre vous et vos petits frères et soeurs et puis entre vous et vos enfants. Et c'est de là que naissent les poisons en famille parce que rien que l'héritage vous intéresse; car chez nous en *Afrique* le poison (communement appelée la chimie) est le plus grand remède pour se débarasser d'une personne indésirable. Et souvent cela arrive parce que tout simplement ils se retrouvent après avec 7 ou 8 enfants voire plus qu'ils ne chérissent pas parce qu'ils sont tout le temps entrain de penser à comment les nourir, les vetir, les scolariser; c'est desormais tout ce qui compte pour eux.

Et vous les entendez souvent se vanter : moi mon père n'avait rien fait pour moi; je vous ai tout donné, je vous ai scolarisé, je fais toujours tout pour que vous ayez à manger et vous allez même à l'université. Savez-vous combien d'enfants de la rue ne sont même pas partis à l'école maternelle?

Évidemment c'est tout ce qui compte pour eux. Ils ne savent pas que l'amour et l'attention d'un parent sont vraiment d'une importance capitale pour l'épanouissement social d'un enfant.

Ne mettez pas au monde des enfants qui, aulieu de vous demander si vous allez bien ou si vous les aimez, se demanderont tout le temps s'ils mangeront quoi aujourd'hui, s'ils s'habilleront de quoi dans une semaine ou deux jours.

Ne vous laissez pas englober par la pensée de mettre au monde et *Dieu* pourvoira ; aucune écriture ne vous demande d'avoir 10 enfants avec un revenu moyen de 200 dollars le mois. Après quoi vous vous plaignez tout le temps des maladies chroniques alors que vous en êtes les seuls créateurs.

Savoir se mettre à la place de l'autre

Et si j'étais à sa place, aurais-je fais mieux?

Voila une très bonne question que chacun devrait se poser avant de juger, blamer ou réprimander les autres.

Un grand nombre d'entre nous, sommes meilleurs pour blamer, critiquer, réprimander ou parler des erreurs qu'a commises un tel ou un tel.

Nous devenons des dieux et des immaculés quand c'est l'autre qui est en erreur. Au travail comme à la maison cela se vit tout le temps :

Un patron qui est toujours apte à réprimander mais ne félicite presque jamais;

Un collègue incapable de vous corriger qui chante vos erreurs partout;

Un père qui sait toujours reconnaître vos fautes et jamais vos bienfaits ;

Un mari qui ne vous a jamais dit félicitation ou bravo quand vous cuisinez mieux mais a toujours les mots pour vous décourager quand vous le faites mal ;

Un employeur qui ne vous dit jamais merci mais trouve le culot de vous envoyer tout le temps gratuitemment

Des nombreuses et des très nombreuses personnes sont incapables une seule seconde de se mettre à la place de l'autre et comprendre ainsi le pourquoi de son action ou de sa réaction dans 90% des cas.

Vous agisssez et réagissez dans la plupart des cas de manière impulsif ou émotionnel; vous n'avez jamais le temps de penser et d'analyser le pourquoi de la situation à la quelle vous faites face. Or ces deux sentiments sont très dangereux à qui ne les controle pas.

Une balle tirée ne peut plus revenir, de la même façon un mot laché ne revient plus.

Je ne suis pas psychologue mais je peux pourtant vous rassurer que la majorité des conflits interpersonnels sont le résultat d'un manque d'esprit de substitution.

Cela ne s'apprend jamais à l'école, aucun professeur ou programme scolaire ne vous apprendra que la solution miracle à tous vos problèmes et conflits interpersonnels, des couples, etc… est la substitution, savoir se mettre à la place de l'autre.

Essayez un exercice un jour et avant de blamer, de riposter à un acte, ou de rendre le mal par le mal à quelqu'un, commencez par vous demander: et si j'étais à sa place comment aurai-je réagi? Est-il convenable de le blamer? Et si lui me blamait pour ça comment me sentirai-je?

Personne n'aime qu'on le blesse dans son amour propre, choisissez de vous substituer à la place de la personne à qui vous voulez vous adresser et vous vous entourerez des frères qui vous aiment, des travailleurs qui adorent leur emploi à cause du patron.

En sixième nous avions un professeur de comptabilité qui était aussi le président du comité des enseignants, un jour pendant qu'il nous enseignait une matière nouvelle il nous dit ceci : Il n'y a pas que le salaire qui compte dans la vie de travail mais surtout le climat de travail. Nous n'avons rien comme avantages et indemnités dans cette école mais savez-vous pourquoi même si nous sommes beaucoup sollicités ailleurs où nous pouvons gagner plus nous n'y allons pas malgré tout?

C'est parce que la relation qui règne entre nous est plus que professionnelle, l'amitié qu'on a avec le préfet on ne l'aura nul part ailleurs, donc bref comprenez que le climat de travail est tellement bien qu'on craint ne pas trouver mieux ailleurs au milieu d'inconnus.

À quoi sert un salaire si on l'obtient en enfer? À quoi servirait un emploi si l'employeur ne vous prend que pour des pauvres subalternes à qui il ne doit ni respect, ni explications, ni excuses?

Comment croyez-vous que le célèbre *Abraham Lincoln* soit parvenu à se faire aimer par tant de monde que même ses propres employés témoignèrent de l'inhabituelle gentillesse, sympathie, empathie de leur patron?

En pensant à lui je me demande toujours comment avec un tel pouvoir, il pu être aussi humble et compréhensif envers ses généraux, et tous ceux qui croisaient son chemin. Il allait même jusqu'à maîtriser leurs noms et tous ceux qui l'auraient rencontré étaient étonnés souvent d'entendre le président les appeler par leur nom. Quelle modestie!

Chassez l'ingratitude

L'homme est ainsi fait : son amour propre ainsi que sa considération en sa personne, son égo et ses sentiments impulsifs ont toujours tendance à prendre le dessus.

Dans la majorité des cas ce sont ces sentiments et leur mégestion qui conduisent à l'échec et la désolation.

Savoir dire merci est une qualité qui n'est pas donnée à tout le monde. Très facile à dire mais très pésant et souvent pas réconnaissable pour certains. Tellement nous sommes habitués à récevoir de nos parents sans jamais dire merci ; nous grandissons avec cette mentalité et plus tard ça nous coûte des occasions, des services, des fois même des pertes.

Sachez dire merci même quand vous êtes dans vos droits; c'est une parole très encourageante et de grande considération. Même pour un petit service, dites merci et vous remarquerez que la personne se plaît trop à vous rendre des services.

Je ne peux jamais oublier ces moments où mon oncle me disait tout le temps *merci* et me demander toujours avec *courtoisie* tout et absolument tout.

Même un petit service sans importance comme lui apporter la télécommande; quoi qu'il soit dans ses droits de m'envoyer ou de me demander de repasser ses habits, sirer ses chaussures, lui servir de l'eau, du vin, ou de la nourriture, il avait toujours ce mot à la bouche " merci mon cher".

Franchement je me sentais important et j'avais envie de lui rendre encore plus des services, juste pour l'entendre me remercier.

Personne n'aime récevoir des ordres, encore moins des commandements qui ne viennent pas de Dieu. Tout être humain s'attend toujours à un minimum de respect et de considération. Louer les efforts des autres en les affichant votre gratitude par un simple " *merci*" peut vous apporter beaucoup que vous ne pouvez l'imaginer.

Soyez reconnaissant pour tout dans la vie, pour toutes ces choses que les autres font pour vous, tous ces sacrifices directs ou indirects, ces gestes petits pour vous, ces mots d'éloges et de félicitation, tout et absolument tout ce qu'on a pu faire parce que tel nous a aidés mérite qu'on le remercie. Alors *remerciez* votre entourage sans cesse et ne les donnez pas des ordres. Ordonnez-les sous forme de demande et ils seront très joyeux d'exécuter votre demande.

Félicitez tout ce qui peut l'être

"C'est là où les romains s'empoignèrent" j'aime bien ces dires dont j'ignore l'auteur et l'origine.

Quand il s'agit de louer les efforts et les mérites des autres c'est tous les humains qui s'empoignent et pas seulement les romains cette fois-ci.

Je ne connais pas si difficile manière de torturer un homme que de lui demander de dire *bravo, félicitation,* à un collègue qui a réussi là où il a échoué; à un ami qui excelle dans son domaine. Et je me demande souvent si c'est de la jalousie, de la rancune gratuite, du volontaire ou de la pure nature humaine. Quand vous excellez dans ce que vous faites, les critiques et suppositions naissent au détriment des louanges: peut-être qu'il a rejoint l'ordre des framaçons. Peut-être c'est lui qui avait tué son père pour hériter. Il aurait donné sa mère en sacrifice. Sa richesse est sombre ne l'enviez pas. Il commence à travailler il ne peut plus saluer les gens. Son argent va se consummer dans l'alcool et la débauche, etc…

Mais serieusement comment pensez-vous avancer avec ces genres de pensées et suppositions?

Comment apprendrez-vous de lui si au lieu de lui demander comment il a fait, vous passez votre temps à le juger? Comment pourrez-vous le rencontrer au sommet si vous croyez qu'arriver au sommet c'est tricher ou voler seulement?

Ayez le courage de féliciter les réussites des autres afin qu'ils vous apprenent comment réussir.

Approchez-les et commencez par chanter leur louange pour pouvoir savoir ce qui vous a échappé jusque là pour réussir. Tout homme succombe à la gloire et aux louanges, même s'il est le plus sceptique qui soit, il vous livrera son secret si vous le féliciter haut et fort et surtout sincèrement.

N'allez pas exagérer, il se rendrait facilement compte que vous le flatter or la flatterie est différente des félicitations sincères. Personne ne peut oublier quand vous êtes sincères et honnêtes dans vos louanges.

Quand votre épouse prépare de la bonne nourriture félicitez la;

Quand votre employé fourni un bon service, louez ses services ;

Quand votre ami réussi à un test, félicitez-le ;

Quand voss enfants, frères ou soeurs se comportent mieux que d'habitudes, chantez leur louange et ils changeront leur mauvaise habitude.

Excusez-vous

" Demander pardon est un acte de sagesse" a chanté *Bony Mwaitege* un chanteur tanzanien de Gospel.

Les jeunes parlent tout le temps de maturité mais pour moi le plus grand niveau de maturité c'est de savoir s'excuser pour ses erreurs. C'est l'une des plus grandes tâches qui soit.

Il faudra d'abord avoir la capacité de reconnaître ses erreurs, de laisser tomber son égo et sa fierté et enfin demander pardon.

Un jour j'avais offensé mon oncle en prenant ses écouteurs sans sa permission; je ne m'étais pas rendu compte qu'il était déjà offensé quand je les lui rendi parce qu'il les cherchait partout croyant qu'il avait oublié où il les avait posés. Le soir ma tante m'appela et me demanda d'aller m'excuser auprès de lui parce qu'il commençait déjà à penser trop de mal à mon sujet. Facilement j'avais accepté et me sentais vraiment coupable et voulais demander pardon.

Le lendemain matin je calcule il est seul au salon et je veux aller le faire mon coeur change de battement par minute, mes pieds semblent paralysés et ma bouche cousue.

Je sens le poids du pardon que je veux lui demander pèser dans moi et je commence à me justifier : juste pour ça lui demander pardon, mais je ne lui ai déjà rien fait de mal depuis que suis là, il croit que moi je n'ai pas un père pour penser tout ça de moi?

Tout c'à quoi je pensais c'était juste des excuses pour ne pas demander pardon pour ma faute. Mais finalement j'avais pu trouver la force et le courage et je suis parti m'excuser bien qu'il en ait profité pour me blamer et montrer son pouvoir sur moi mais je me suis senti soulagé et déchargé.

Demander pardon n'est pas facile mais ça nous libère. Bien qu'il y ait des personnes qui soient insensibles au pardon vous devez repentir avec vous-mêmes en leur demandant pardon.

C'est très important pour qui veut avancer dans la vie et apprendre de ses erreurs car en allant demander pardon, on sent vraiment le poids et ça pèse sur soi et personne n'a du coup envie de revivre cette mauvaise expérience; c'est alors qu'on évite à offenser les autres gratuitement.

Alors même quand vous savez que cela ne fera que croitre son orgueil et son arrogance levez-vous et partez lui demander pardon. *Excusez-vous* quand vous êtes dans l'erreur mais surtout choisissez toujours le bon moment pour le faire.

Soyez courtois et gentil

La puissance d'un sincère sourire n'est reconnue que par celui qui le reçoit.

"Ily a plus de joie à donner qu'à récevoir"

Dites-moi qu'est ce qu'il ya de si difficile à dire bonjour avec un sourire aux lèvres? Savez-vous la joie que cela procure quand ça vient d'une personne respctée et admirée?

Je me demande toujours pourquoi les choses les plus simples sont si souvent negligées alors qu'elles apportent plus de bonheur que tout. Répandre autour de soi le bonheur par un sourire est la chose la plus magique que moi je connaisse pour mériter l'attention et l'appréciation.

Arrêtez de saluer vos voisins avec un visage pâle et froissé comme si vous aviez des rancunes ;

Arrêtez, dès aujourd'hui, de vous adresser à vos employés et subalternes comme s'ils avaient tué votre père ;

Arrêtez de donner des ordres tout le temps. Formulez aussi des demandes avec courtoisie et vous serez entrain de répandre la joie et le plaisir de travailler autour de vous ;

Arrêtez de crier dans tous les sens quand on vous offense et apprenez à reprocher avec modération et courtoisie tenant compte des droits de l'autre bien qu'il vous ait blessé.

Soyez honnête et ayez la franchise

L'honnêteté est l'une des qualités les plus rares chez certains individus. Il n'y a pas de succès possible pour une personne incapable d'être honnête envers ses collaborateurs. La malhonnêteté ne survit jamais longtemps bien que semble avoir gagné le coeur de la multitude.

Soyez honnête envers vous-même et de là vous saurez être honnête envers les autres. Et surtout ne regrettez jamais d'avoir été honnête envers quelqu'un quoi que soit le prix à payer car au final la vérité finit toujours par éclater et vous humilier encore plus d'avantage.

J'aime bien cet adage qui dit " La *vérité peut prendre l'escalier mais finira toujours par vous rattraper"*.

Les gens ne comprenent souvent pas la réalité contenue dans ces mots, il vous est inutile de mentir ou tromper la vigilance; votre mensonge peut sembler vous avoir sauvé aujourd'hui mais il reste l'arme fatale qui vous fera plonger demain. Rien ne remplace l'honnêteté et la franchise.

Soyez charitable et généreux

" Maintenant *je ne reflechis plus, je donne; que ce soit une arnaque ou pas je m'en fiche, tant que je peux me le permettre, je donne"* **Anthony Robbins**.

Donner est le seul moyen de récevoir, c'est en donnant que vous recevez et l'argent obéit très bien à cette loi par dessus tout.

N'attendez pas quand vous aurez beaucoup plus d'argent pour commencer à donner. Donnez même sur ce peu que vous avez et c'est seulement de cette manière que vous recevrez.

Si vous êtes croyant dans une quelconque réligion qui respecte la dîme ou je ne sais quelle forme d'offrande, donnez.

Nous avions ce professeur chrétien de droit qui nous disait *"vous n'aurez jamais besoin de chercher qui veut de l'aide, vous les reconnaissez toujours quand vous les voyez. Ils sont toujours là autour de vous, c'est à vous d'arrêter de les ignorer"*

N'ayez pas la main difficile à donner car il vous sera alors difficile de récevoir. Aprenez à doner sans que vous ayez assez et vous aurez toujours plus que ce à quoi vous vous attendiez.

La main qui donne, c'est la main qui reçoit ne l'oubliez jamais.

Ayez des vertus et valeurs. Répandez la joie et le bonheur autour de vous et vous obtiendrez des gens tout ce que vous voulez d'eux. Souriez, vous avez la chance d'être en vie et en possession de ce livre qui vous révèle la vérité que vous connaissiez sans en être conscient.

Chapitre huitième
L'auto-discipline

" Le succès ne vient pas de ce que vous faites occasionnellement

Mais de ce que vous faites régulièrement"

Marie Forleo

Programmez votre journée

Dans une serie des conférences, le célèbre acteur américain et gouverneur honoraire de l'Etat de Californie, *Arnold Schwarzenegger* posait juste une question qui me semblait curieuse *" pensez-vous que vous n'avez pas le temps?"* et après cette question suivait une serie des demonstrations du mauvais usage du temps dont nous disposons chaque jour, soit 24h.

Maintenant moi aussi je vous mets au défi d'analyser de vous-même ce que vous faites de vos 24h chaque jour en répondant aux questions :

- *Combien d'heures dormez-vous par jour?*
- *À quelle heure vous reveillez-vous quotidiennement?*
- *Quelle est votre activité principale et regulière?*
- *Combien d'heures vous prend cette activité?*
- *Vos courses de tous les jours vous prenent combien d'heures?*
- *Vous prenez une pause de combien d'heures chaque journée?*
- *Vos loisirs et detentes vous prenent combien d'heures par jour?*
- *Combien de temps passez-vous sur votre téléphone?*
- *Combien de temps passez-vous à faire du sport?*
- *Avez-vous du temps pour la méditation?*

Vous y avez répondu? C'est bon voyons maintenant combien de temps nous avons chaque jour de 24h :

Estimons que vous dormez 8h maximum, cela veut dire que vous avez 16h de votre temps chaque jour à vous seul. Estimons que vous soyez un étudian, un employé ou employeur et que votre travail ou vos études doivent vous prendre 8h par jour; il vous reste encore 8h à vous. Disons que toutes vos courses et divertissements prennent 3h du temps, n'est-ce pas qu'il vous reste 5h libre chaque jour. Et maintenant allez voir ce que vous faites de ces 5h : du sport? Sur les réseaux sociaux? Sur votre ordinanteur? Entrain de suivre des films? Ou endormi?

Vous avez remarqué de vous-même qu'on a toujours le temps et assez de temps à notre disposition mais la gestion de ce temps nous fait souvent defaut.

Vous avez signé des compromis avec la paresse et cela vous empêche de voir le temps passer. Il n'y a qu'un seul moyen de se sauver d'une perte de temps continuelle : se discipliner.

Comme je l'ai bien dit dans les lignes précédentes, soyez programmés comme des horloges; réveillez-vous tôt le matin et commencez la journée de bonne humeur.

Ne touchez pas votre téléphone en premier quand vous vous reveillez, ne touchez pas votre brosse à dent en permier non.

Priez en premier votre *Dieu*.

Prenez ensuite votre agenda et planifiez votre journée. Établissez une liste détaillée de ce que vous comptez faire la journée entière.

- *Qu'est ce que je compte faire la journée d'aujourd'hui qui me raproche de mon objectif/ rêve*
- *Qu'est ce que je dois éviter de sans importance la journée d'aujourd'hui*
- *Quelles sont les personnes que je dois rencontrer aujourd'hui*
- *Quellle activité principale occupera ma journée aujourd'hui*
- *Combien de minutes, d'heures ou de secondes dois-je accordé à mon téléphone la journée d'aujourd'hui*
- *Quoi de nouveau dois-je apprendre aujourd-hui?*

Répondez-y avec le moindre détail possible et après programmez des alarmes dans votre téléphone comme rappel pour chaque activité.

Prenez maintenant votre brosse à dent et choisissez de commencer votre journée de bonne humeur.

C'est vraiment là que commence une journée réussie.

N'allez pas dans tous les sens et ne vous laissez pas diriger par votre journée, dirigez-la. Ne cédez pas aux imprévus sans importance ni urgentes. Une journée préparée au préalable est réussie d'avance.

Lorsque vous vous réveillez et songez en premier à votre téléphone et les messages qu'il peut contenir vous vous exposez à un risque de gâcher la journée entière juste par un mauvais message ou en se laissant emporté toute la journée par la dépendance nuisible des réseaux sociaux.

Je ne connais pas pire façon de gâcher une journée que de la laisser au sort de l'imprévu. Disciplinez-vous et économisez chacune des heures de votre journée à faire ce qui est important pour vous et vos objectifs. Ne vous laissez pas distraire par quoi que ce soit ni qui que ce soit.

Les anglais disent *" Le temps c'est de l'argent"* capitalisez votre temps et vous comprendrez la signification de ce proverbe anglais.

Cloturez votre journée comme il le faut

Chaque soir avant même de vous coucher, prenez du temps pour vous et méditez sur votre journée. Passez en revue toute votre journée et les activités qui s'y sont déroulé. Demandez vous

- *Qu'ai-je fait de très important aujourd'hui?*
- *Quelle a été la meilleure chose qui s'est produite aujourd'hui?*
- *Qu'est ce que j'aurai pu faire mieux aujourd'hui?*
- *Quelle nouvelle chose je devrai essayer demain?*
- *Quelle est la chose la plus importante que je dois accomplir demain?*
- *Ai-je respecté mon programme du jour?*
- *Ai-je eu une belle journée?*

Ne laissez rien vous filer entre les doigts, occupez-vous de vos propres détails et ne négligez rien. Répétez chaque matin les objectifs que vous vous êtes fixés à long et à court terme (c'est-à-dire pour la journée, la semaine ou le mois) et revoyez chaque nuit les exploits de la journée et le rythme d'avancement de votre projet puis accélerez ce qui doit l'être et ralentissez ce qui demande du recule. Planifiez tout et vous n'aurez qu'à suivre votre plan.

Évitez le confort et le compromis avec la flemme

"L'auto-discipline c'est faire ce qu'on est censé faire quand on est censé le faire, qu'on le veuille ou non" **Pasteur Camile Ntoto**

Le plus grand ennemi de l'homme c'est son propre corps, les désirs du corps et de l'esprit divergent toujours. Votre corps ne pourra jamais se plaindre que vous passiez dix heures au lit ou cinq heures sur les réseaux sociaux.

Mais ce qui est plus important est que notre corps obéït à notre esprit et pas le contraire.

Vous ne pouvez pas dormir toutes les fois que vous en avez envie ;

Vous ne pouvez pas vous réposer toutes les fois que vous vous sentez fatigué ;

Vous ne pouvez pas manger toutes les fois que vous pensez avoir faim ;

Vous ne pouvez pas passer votre temps à ne rien faire toutes les fois que vous avez la flemme.

Combattez ces désastres et destructeurs de projet. Motivez-vous chaque seconde avec ce qui vous motive le plus. Chassez la flemme de toutes les manières possibles; fuyez le sommeil de toutes vos forces. Brisez la routine et bottez vous les fesses; aprenez à détester la facilité.

N'acceptez pas d'être tout le temps entrain de faire ce qui semble facile pour vous; de cette manière vous demeurerez des faibles.

Allez à la rencontre des nouveaux défis, faites subir à votre corps le pire qui soit, passez des nuits blanches entrain de bosser dur et c'est uniquement de cette façon que vous serez préparé au pire, plus rien ne pourra vous ébranler facilement. Forgez votre esprit en apprenant à votre corps à l'obéïr.

Faites de votre quotidien l'ensemble des choix que vous prenez consciemment et non pas l'ensemble des conséquences que vous subissez sans vous y attendre.

Sachez-le, il ya toujours un lourd sacrifice et un prix à payer pour atteindre un objectif et surtout pour avoir de la richesse il vous faudra trop de sacrifice.

Vous devez oublier le " *Vous*" d'avant et vous forgez une nouvelle personnalité; accepter de perdre nombreuses personnes parce que vous les juger opposées à votre route. Vous serez obligé de couper le pont avec vos anciennes habitudes autodestructrices, obligé de briser la routine sans résultat satisfaisant, de prendre des décisions qui vous feront très mal...

Tout cela ne sera pas sans conséquence : tout au début vous vous sentirez perdu dans vous-même, étouffé par vous-même. Votre vie vous semblera avoir perdu son sens. Votre entourage vous prendra pour insensé. Mais dans tout cela, seuls vos objectifs, vos projets, la visualisation de ce que vous cherchez à obtenir, vos plans et votre foi en vous et votre cause vous permettront de tenir le coup, de surmonter ces étapes de transition qui seront juste entrain de vous préparer à être prêt à récevoir *ce que vous voulez.* Quelque temps après, ceux qui vous prenaient pour insensé, commenceront à avoir de l'admiration pour vous. Vous deviendrez leur modèle et leur référence quand bien même ils s'étaient moqués de vous par le passé.

Le seul moyen pour vous de vous vanger de votre discipline sera alors de réussir.

Et quand viendra votre succès, vous serez déjà un homme fait et de bonnes habitudes pour qui le succès n'était plus qu'une fatalité évidente et non pas un coup de chance ou du destin.

Dressez-vous contre les murs de votre vie, combattez-les parce qu'eux vous combattent sans que vous ne vous en rendiez compte ni que vous ne le vouliez. Chassez en vous le moindre esprit de tolérance envers la paresse et la perte de temps. Visez toujours très haut et de cette manière vous n'aurez pas à vous arrêter en chemin.

NE FAITES JAMAIS DE COMPROMIS AVEC LA PAUVRETÉ, elle ne frappe jamais avant d'entrer et ne demande aucun effort mais à vous de fournir d'efforts pour qu'elle n'ait pas où passer. La balle est et sera toujours dans votre camp.

Napoléon Hill

Le contrôle de l'esprit est le résultat de l'auto-discipline et de l'habitude.

Ayez des principes et apprenez à les respecter

Ne soyez pas le genre de personne qui cède à tout vent, qui se laisse emporter par tout et dans tout. Quand je venais d'avoir mes dix-huit ans j'avais établi certains principes devant régir ma vie et je les partage avec vous peut-être qu'ils vous seront d'une grande utilité comme ils l'ont été pour moi.

12 principes fondamentaux, Kinshasa le 28 Octobre 2018

1. *Réflechissez toujours avec votre cerveau pas avec vos sentiments car ils ne sont que passagers,*
2. *Agissez toujours avec douceur et tendresse, ça vous évitera d'être maladroit;*
3. *Soyez toujours honnête, gentil et sage, ça vous rendra une vie sociale facile et équilibrée;*
4. *Battez-vous pour vos rêves chaque jour dès que reveillé, ça fera de vous un réaliste;*
5. *Soyez toujours fidèle et loyal dans tout et partout, ça vous fera gagner la confiance des gens;*
6. *Distinguez-vous toujours afin que vous ayez la place qui vous mérite dans tout et partout;*
7. *Apprenez à perdre, à tomber et à persévérer pour mieux célebrer et concerver la victoire;*
8. *Videz la haine, la jalousie et la rancœur de votre coeur, ça vous rendra empathique;*
9. *Soyez toujours respectueux, respectable, humble et philanthrope, vous gagnerez l'amour des gens;*
10. *Fuyez l'hypocrisie et apprenez plutot à être discret;*
11. *Ce que pensent les autres à votre sujet ne doit jamais vous intéresser, ne les imitez jamais mais suivez les bons exemples;*

12. *Quoi qu'il en soit, tournez-vous toujours vers vos croyances et votre foi vous aidera.*

En version un peu plus améliorée et adaptée, ceux là étaient mes principes que je m'étais fixé en 2018. Comme par magie la loi de l'attraction, comme le disent mes professeurs, a fait à ce que ces principes guident ma vie jusqu'à présent.

Je les avais écrits sur un papier et posés sur une table dans ma chambre de telle sorte que même si je ne pouvais pas les lire tous les jours, chaque semaine quand je devrais mettre un peu de l'ordre sur la table je les voyais et les relisais plusieurs fois en me disant " oui je dois les respecter".

Je ne vous demande pas d'utiliser mes principes ni de les recopier mais de vous fixer les vôtres selon vos croyances, vos aspirations et vos domaines.

Respectez-les car ils déterminent aussi la personne que vous êtes ou que vous devez être. Allez-y lentement mais sûrement et vous aurez accompli des miracles dans votre vie dans un temps record.

Acceptez d'abord de perdre vos anciennes habitudes pour en acquérir des nouvelles. Comprenez d'abord que le problème ne vient pas de l'extérieur mais de l'intérieur, que vos mauvaises habitudes sont le réel ennemi que vous avez et contre lequel vous devez vous battre contre vents et marrés.

Acceptez de vous perdre dans cet univers immense afin que vous vous trouviez vous-mêmes. Ressentez la charge de l'abandon, de la perte des personnes, des sacrifices, de la concentration. Bref de l'auto-discipline et quand vous aurez réellement trouvé votre voie, tout cela fera partie desormais de vous et plus rien ne pourra vous tirer encore vers le bas ou la désolation.

Car c'est ainsi que se forge un esprit dur et pure

Chapitre neuvième
L'assassin des rêves

" Les gens qui ne réussissent pas ont un trait en commun:

Ils connaissent les raisons de leurs échecs, y croient et

Les expliquent en les excusant irréfutablement."

Napoléon Hill

Maintenant que vous savez tout ce qu'il vous faut pour vous fixer des *objectifs*, les poursuivre et les atteindre, voyons alors vos plus grands adversaires face à la réalisation de vos rêves, face à des objectifs bien conçus et planifiés.

L'objectif à lui seul ne suffit pas. Beaucoup d'éléments entre en jeux pour sa réalisation. A prémière vue tout le monde a un objectif précis voire même très précis mais pourquoi seulement peu atteignent les leur? La cause n'est rien d'autre que l'assassin des rêves, ils sont six à ma connaissance mais j'aime les appeller en un mot "*l'assassin*" parce qu'ils vont presque souvent de paire. Ils peuvent tous les six se retrouver chez un individu ou trois, quatre, deux, un…

Mais qu'ils soient deux, trois ou un seul, ils peuvent-être et sont souvent fatals au succès. Pour qui veut réussir dans la vie, je ne connais pire ennemis.

1. La peur

Le plus grand ennemi de l'homme dans tout et partout c'est la peur. La peur de ne pas pouvoir y arriver, la peur d'échouer, la peur de commettre une erreur, la peur de ne pas être à la hauteur, la peur de décevoir telle personne, la peur de se ridiculiser, etc...

La peur d'être ou ne pas être, dans les deux cas c'est le sentiment le plus destructeur que je connaisse, le plus envahisseur qui soit.

Tout le monde a le trac, en tout cas toute personne qui est sur le point d'accomplir de grandes choses, de prendre de grandes décisions, ou de changer le quotidien de sa vie...

Toutefois ce n'est pas parce que la peur semble universelle et normale qu'elle doit-être une excuse. Ceux-là qui ont réussi ont su vaincre leurs peurs ou les canaliser pour servir leur objectif. Vaincre vos peurs, les maîtriser, ou les canaliser doit-être votre premier point dans votre plan.

La peur a déjà tué beaucoup plus de rêves avant qu'ils n'aient même été conçus.

Vous pouvez essayer cette méthode pour vaincre votre peur

- *Identifiez d'abord quelle est votre grande peur*
- *Remplacez-la par sa pensée contraire*
- *Trouvez ce qui vous motive*
- *Ensuite lancez-vous même quand la peur semble être encore là, elle s'en ira d'elle même quand elle verra que vous ne l'accordez pas une seule seconde. Parce que tout simplement ce qui domine vos pensées, vous l'attirez à vous et c'est la loi de la nature depuis la nuit de temps.*

Quand je voulais écrire *"l'art du succès"* j'avais une très grande *peur* de ne pas pouvoir trouver des mots, écrire un grand nombre de pages, ou dire mieux que ce qui existe déjà.

Après avoir reconnu ma plus grande peur je l'ai premièrement remplacée par l'idée de finir un bon livre qui changerait à jamais la personne dont le livre tomberait dans les mains.

J'ai été tellement excité à cette idée de changer une vie grâce à quelques pages, mots que ce soient. Ensuite je me suis mis à lire d'avantage des livres de mes professeurs sur le développement personnel car là je puisais ma motivation et des exemples boulversants.

Puis je me suis lancé contre vents et marrés dans l'écriture sans donner trop d'importance à la peur ou l'incertitude bien qu'elles étaient présentes. Et c'est ainsi que j'en suis arrivé à cette page que vous lisez; seulement en me concentrant sur ce qui est essentiel et ignorant ce qui ne l'est pas.

Encore une fois je vous le dis : la balle est et sera toujours dans votre camp, à vous de décider quoi en faire.

2. *Ce que pensent les autres*

L'être humain est de nature influençable. La plupart des choses que nous faisons dans la vie sont souvent les fruits du fait que nous ayons vu nos semblables rencontrés sur terre agir de la sorte.
Nous cherchons tous à faire bonne impression devant une ou plusieurs personnes et c'est là que commence une vie d'illusions et de distractions.
Il y a cet adage que j'avais lu un jour sur la story d'un ami qui disait " *nombreuses personnes achètent des trucs qu'elles ne veulent pas avec de*

l'argent qu'elles n'ont pas gagné pour impressioner des gens qu'elles n'aiment pas".
Il n'y a pas plus vrai que ça. Les dépenses inutiles sont souvent dues à cela.
Ce qu'en pense un tel ou un tel a déjà tué plus des rêves que la pauvreté jamais ne le pourra.
On est tout le temps entrain de se torturer avec l'idée de ce que pensera ma mère, mes frères, mes amis, les gens qui me connaissent, ma classe, mes employés, mon employeur, mes camarades, mes collègues, mais rare de fois entrain de se demander ce que nous même nous pensons de nous.

Il y a à peine 6mois je venais de commencer un petit business pour mon autosubsistance et je vendai mes services à mes amis les plus proches.
Le business en soi paraissait honteux et dénué d'honneur pour un intellectuel et étudiant comme moi et c'est ce qui m'empechait d'atteindre un grand nombre de consommateur et élargir ainsi mes bénéfices. J'étais tout le temps entrain de me demander si telle fille que je chéris tant apprenait que je fais ce business, comment prendrait-elle?
Si mes camarades étaient au courant de ce que je fais ils me troubleraient tout le temps, si les élèves que j'ai dirigés comme président se rendaient compte de ce que je fais aujourd'hui ils se moqueraient certainement de moi et mon niveau se rabaisserait à leurs yeux...

Autant d'idées pareilles me traversaient l'esprit et à chaque fois que j'étais sur le point d'essayer de faire un pas en avant ces pensées constituaient un grand mur qui me bloquait et à ce moment je commençais à me trouver de bonnes excuses pour ne pas faire ce que je suis censé faire pour gagner encore un peu plus d'argent.

Je n'avais jamais pris le temps de me demander ce que moi je voulais réellement ou ce que leurs pensées pouvaient apporter à ma vie ou à mon avenir.

Surtout ne confondez pas les choses : l'opinion que quelqu'un a de vous ou de ce que vous faites de votre vie n'est nullement votre problème tant que ce que vous êtes ou faites vous plait.

Il ne s'agit pas d'eux mais de vous, pas de leur vie mais de la vôtre, pas de leur future mais du vôtre. Quoi que vous fassiez il y aura toujours et toujours quelqu'un pour vous critiquer positivement et quelqu'un d'autre negativement. Nombreux disent que les riches sont des sales égoïstes, des voleurs, des escrocs et des grands fraudeurs; mais ces mêmes gens sont ceux qui disent qu'ils aimeraient devenir riche un jour. Quelle contradiction!
D'autres disent qu'ils détestent les politiciens, ce sont des maîtres de la magouille, du détournement et des démagogues. Mais lorsqu'ils sont dans une même pièce que ces politiciens ils chantent leurs éloges et louanges.

Certaines personnes devraient penser à ajouter hypocrite sur leur CV. Tellement elles sont devenues des agents doubles on ne sait plus reconnaître leur facette. La jalousie, la paresse, et le manque d'ambition les ont tellement envahies qu'elles se disent "*faire avec ce qu'il ya*".
Si vous vous fiez aux paroles et pensées de telles personnes vous ne connaîtrez jamais le succès. N'ayez pas le temps pour des personnes negatives, sans ambition et qui vous disent toujours ça ne pourra jamais marcher. Ne vous inquiètez jamais de ce que peuvent penser les gens de vous, de votre activité, de votre emploi ou quand vous aurez échoué; concentrez-vous sur ce que vous voulez et sentez vous passionner à tel point que même vous-mêmes vous ne pouvez plus vous empêcher d'avancer par vos pensées ou votre pessimisme.
Revez grand et ayez des objectifs qui dépassent votre entendement de telle sorte que quand vous les aurez réalisés ils boulverseront votre vie.
" *Je ne suis pas ce que je pense que je suis, je ne suis pas ce que tu penses que je suis, je suis ce que je pense que tu penses que je suis*" avait repeté Jah Shetty en empruntant les dires d'un grand philosophe.

3. Le mariage précoce

Par mariage précoce je sous entend toute recherche excessive du plaisir sexuel sans être prêt à en subir les charges. J'ai déjà approché le sujet plus ou moins suffisamment dans les lignes précédentes mais là j'aimerai juste ajouter que " C'EST LE PLUS GRAND TUEUR DES RÊVES AFRICAINS, TANT CELUI DES PÈRES QUE DES ENFANTS"

À peine vous ramassez quelques centaines de dollars le mois vous avez pour vous seul trois copines, des concubines, des pensées qui vont dans tout le sens sexuel que possible...

À peine vous touchez vos premiers milliers de dollars vous pensez déjà à un mariage de rêve avec tous les prestiges qui vont avec.

À peine vous êtes entre quatre murs avec votre femme vous ne pensez que sexe et sexe non protégé ni modéré, ainsi les enfants se multiplient comme des sardines à la maison en laissant couler l'excuse de *" c'est Dieu qui pourvoit, car c'est lui qui donne les enfants"*.

Vous êtes à même incapable de gagner cinq cents dollars le mois mais c'est vous qui avez six, sept, huit, neuf, dix enfants ...

Quand est-ce qu'ils auront tout ce qui leur est nécessaire pour bien grandir?

Pour vous c'est toujours Dieu seul qui sait. Quand est-ce que vous aurez vous mêmes le temps pour vous et votre femme? C'est toujours Dieu seul qui sait. Et au bout de quelques années de mariage vous ne pensez plus à votre femme que lorsqu'il faut passer à l'acte d'urgence la nuit parce que vous êtes tout le temps entrain de vous inquiéter sur ce que vont manger, s'habiller, scolariser vos dix enfants. Votre bonheur, vos besoins ne comptent plus, ceux de votre femme n'en parlons pas.

Vos rêves d'avoir une belle voiture, une grande maison, ou effectuer des voyages s'étouffent et votre future se résume maintenant à garantir la survie de votre famille.

La famille c'est la chose la plus importante dans la vie. Elle est la raison de vivre et le bonheur en personne.

Mais dites-moi est-ce que cela reste le cas quand vous avez peur de rentrer chez vous le soir parce que vous ne savez même pas ce que vos enfants vont manger? Parce que votre femme vous soule?

Parce que vous ne pouvez pas acheter à votre fille même un gateau pour son anniversaire?
Reste-t-il le cas quand vous avez perdu votre joie de vivre parce que votre argent ne vous sert plus à rien à vous-mêmes? Parce que vous ne pouvez pas faire ce que vous voulez ou ce pourquoi vous avez bossé dur?
Reste-t-il le cas quand vous ne vivez plus le style de vie que vous vous êtes promis quand vous etiez jeune et plein d'énergie à cause d'elle ?
Ayez une famille à votre goût, à votre capacité, et mettez au monde des enfants qui ne se demanderont jamais de quoi sera fait le lendemain par votre faute, qui ne blameront jamais la vie parce qu'ils sont nés chez vous et surtout qui ne pèseront pas trop lourd que vos revenus ni égaux à vos revenus. Ne vous fiez pas aux dires de vos leaders qui semblent bibliques et prouvés, fiez-vous à vos capacités, vos rêves et votre foi et ainsi vous ne remplirez pas la terre d'orphelins, de sans abris, d'affamés ou de malheureux enfants parce que c'est écrit dans la bible.

4. Les doutes

Les *doutes* sont souvent nourris par la peur, l'hésitation et finissent aussi par être excusés comme les autres facteurs d'échec. Quand vous vous plongez dans l'incertitude et le tatonnement, les doutes en résultent.
Est-ce que ça va marcher?
Est-ce la bonne chose à faire?
Et si je perdais tout?
Je devrai peut-être attendre que le climat soit bon.
Je ne sais pas vraiment mais je ne crois pas que ça soit possible...

Autant des raisons que vous compilez dans votre tête pourtant des raisons n'ayant aucune raison d'être.
Quand vous nourrissez vos doutes, vous perdez votre foi en vous et vous tombez immédiatement dans *l'indécision.*
Rappelez-vous toujours que vos pensées sont la source de tout, pensez à ce que vous voulez et pas à ce que vous ne voulez pas. Obligez la loi de l'attraction à vous servir et elle fera pareil. Ne nourissez aucun doute en

vous, si non ce serez comme prier sans foi, qui n'est qu'une perte inutile de temps. Avant même de s'agénouiller pour prier on se doit de croire que ce que l'on veut demander on l'obtiendra et on l'a déjà. Comment alors allez-vous croire avec des doutes?

5. L'indécision

Avant que je ne sois président des élèves à mon école secondaire je croyais que prendre une décision était la chose la plus facile qui soit. Je passais, comme la plupart des gens, mon temps à blamer les dirigeants et les leaders pour leur salaire collosale juste parce qu'ils sont assis dans des fauteuils et parlent à longueur des journées. Je me demandais comment le préfet pouvait avoir un salaire élevé à celui de l'enseignant. Comment un député qui ne fait que s'assoir au parlement pouvait toucher des milliers de dollars et remunérer un soldat quelques centaines de dollar, ...

Mais toutes ces questions existaient avant que je ne sois moi-même président et que je me retrouve face à une situation où il me fallait prendre une décision dans moins de cinq minutes. Tout en sachant que cette décision pouvait affecter des vies entières et le bien être des autres, sans oublier ma réputation et l'opinion de mes électeurs. Je transpirais d'abord dans tous les sens et reflechissais comme un malade à toutes les possibilités avant de décider quoi que ce soit.
Je n'étais que jeune et sans expérience pourtant il me fallait prendre des décisions comme un leader.

Et c'est ainsi dans la vie de tous les jours, si vous êtes incapables de vous décider rapidement et de changer votre décision difficilement, croyez-moi vous aurez toujours beaucoup de mal à avancer.
Vous devez d'abord être des leaders de vos propres vies avant de pouvoir diriger celles des autres.

" Que ton oui soit oui, et ton non soit non" **Sainte Bible.**

Vous ne pouvez pas dire oui à 10h et dire encore non à 16h.
Vous ne pouvez pas prendre une décision à 15h et l'abolir à 17h ou même après quelques poussières de minutes. Et très souvent les personnes indécises prennent des décisions difficilement et les changer facilement.
Tout cela est le fruit du tatonnement. Vous ne pouvez pas savoir où vous allez et hésiter sur quelle direction prendre.
Dans le cas contraire vous n'arriverez jamais; car quand bien même vous aurez fait la moitié du chemin vous pourrez changer de décision et rentrer prendre une autre direction.
Sachez où vous allez et prenez des décisions sures, directes et rapides qui vous mèneront jusqu'à votre but. Ne les modifiez qu'en cas de grande nécissité ou même jamais.

Si face à la menace grandissante de l'incertitude de ses ingénieurs *Henry Ford* avait manqué de fermeté dans sa décision le monde n'aurait peut-être jamais connu le moteur à huit cylindre.

Croyez-en vous et restez ferme dans vos décisions car elles représentent votre foi et votre personnalité.
N'ayez pas peur d'échouer, l'échec n'est pas opposé au succès mais en fait partie.
Je l'ai toujours dit et répété *" La vraie réussite c'est d'avoir essayé et cela peut importe le résultat"*. L'impossible arrive quand vous même vous dites c'est impossible. Le difficile arrive quand vous vous dites c'est difficile. Il n'existe pas de course à la richesse et au succès. Il existe seulement des marches vers le succès et la richesse et chacun a sa marche et sa demarche. Essayez celle que vous pouvez, si cela ne marche pas changez de plan encore et encore mais que cela vous mène à un seul et unique objectif. Ne modifiez que rarement vos objectifs, modifiez plutôt les plans et méthodes pour les atteindre.
Prenez des décisions quand il le faut et n'écoutez pas cette petite voix à l'intérieur de vous qui vous souffle à l'oreille que ce n'est pas la bonne ou que vous devriez la changer.

Soyez rigoureux avec vous même et vous comprendrez finalement qu'il n'ya rien de difficilement acquis. Tout est dans votre esprit et vous seul pouvez le controler. Il est votre grande richesse et votre grand pouvoir. Lorsque vous aurez appris à le controler et à le diriger dans le sens que vous voulez, alors vous conquérez le monde autour de vous et tout, absolument tout ce que vous désirez viendra à vous.

6. Les excuses

Partout dans le monde, il existe des gens qui sont tellement forts en *excuses* qu'ils en formulent même pour leurs propres échecs. Ils y croient et quand ils vous expliquent, vous pouvez même les croire vous aussi. Mais laissez-moi vous dire qu'il n'existe pas d'excuse qui tienne débout face à un désir ardent de réussite. Vous continuerez toujours à jeter la faute au gouvernement, à vos parents ou à votre conjoint, à votre position sociale ou manque d'argent, à votre handicap ou infirmité, à votre patron ou vos travailleurs, certains même iront loin et blameront *Dieu*. Mais la vraie faute c'est celle que vous commettez en les prenant pour responsable. Le seul responsable de votre bonheur et de votre succès c'est vous-même.

Quand vous trouvez des excuses pour votre paresse, indécision ou manque de détermination, c'est souvent trop justifié par des événements auxquels vous ajoutez une forte imagination très intelligente pour couvrir votre inaction. Beaucoup de gens font ça tous les jours : ils n'arrêtent pas de se plaindre des conditions mauvaises ou des temps mauvais pour commencer un investissement, une formation, un livre, un emploi, une entreprise, une carrière, etc... Mais est-ce que c'est vraiment là que se trouve le problème?

Le problème est votre inaction, pas les conditions que vous envisagez incompatibles.

J'aime bien cet adage qui dit " *Nous ne faisons pas les choses parce qu'elles sont difficiles mais c'est plutot parce que nous ne les faisons pas qu'elles sont difficiles"*

Lisez bien les lignes ci-haut, relisez-les encore et encore puis voyez parmi ces *excuses,* recapitulées par par l'un de mes professeurs *Napoléon Hill,* quelles sont les votres que vous vous repetez souvent et surtout n'oubliez pas que dès qu'identifiées débarassez-vous de ces excuses le plus vite possible et joignez vous au monde de l'impossible où la foi domine :

Si je n'avais pas de femme et des enfants...

Si j'avais plus de courage... Si j'avais de l'argent... Si j'avais une bonne instruction... Si je pouvais trouver du travail... Si j'avais la santé...

Si seulement j'avais le temps... Si les temps étaient meilleurs... Si les autres me comprenaient... Si les circonstances étaient différentes... Si je pouvais revivre ma vie... Si je n'avais pas peur du "qu'en dira-t-on"... Si on m'avait donné ma chance... Si j'avais la chance... Si les autres n'avaient pas une "dent contre moi"... Si rien ne m'avait arrêté... Si j'étais plus jeune... Si je pouvais faire ce que je veux... Si j'étais né riche... Si je pouvais rencontrer "les personnes qu'il me fallait"... Si j'avais le talent que certains ont...

Si j'osais me mettre en avant... Si seulement j'avais su profiter des occasions passées... Si les gens ne m'énervaient pas autant... Si je ne devais pas garder la maison et m'occuper des enfants... Si je pouvais mettre de l'argent de côté... Si mon patron pouvait seulement m'apprécier... Si au moins j'avais quelqu'un pour m'aider... Si ma famille me comprenait... Si je vivais dans une grande ville... Si on pouvait m'aider à commencer... Si seulement j'étais libre... Si j'avais la personnalité d'un tel...

Si je n'étais pas si gros... Si mon talent était reconnu... Si je pouvais avoir un moment de repos... Si je pouvais régler mes dettes... Si je n'avais pas échoué... Si seulement j'avais su comment...

Si tout le monde n'était pas contre moi... Si je n'avais pas tant de soucis... Si j'avais pu épouser la personne qu'il me fallait... Si les gens n'étaient pas si bêtes... Si ma famille n'était pas si extravagante... Si j'étais sûr de moi... Si la chance n'avait pas été contre moi... Si je n'étais pas né sous une mauvaise étoile... Si ce n'était pas vrai que "ce qui doit être sera"... Si je n'avais pas à travailler si dur... Si je n'avais pas perdu tout mon argent... Si je vivais dans un autre milieu... Si je n'avais pas de "passé"... Si seulement j'avais une affaire à moi... Si les autres voulaient seulement m'écouter... SI... et c'est le plus grand de tous, si j'avais le courage de me voir tel que je suis réellement, je trouverais ce qui cloche en moi et j'y remédierais.

J'aurais alors une chance de savoir profiter de mes erreurs et de tirer un enseignement des expériences d'autrui.

Je voudrais maintenant être LÀ OÙ J'AURAIS ÉTÉ SI j'avais passé plus de temps à analyser mes faiblesses et moins de temps à leur chercher des excuses.

Chapitre dixième

Brisez le confort et la routine et lancez vous

Ce livre ne vous aura servi à rien si vous l'avez lu comme un roman sans en tirer le plus essentiel et noter de vous même ce qu'il vous faut. Les citations peuvent être comptées par milliers mais l'incitation à prendre les choses en mains ne viendra que de vous. A présent, vous avez tout à votre disposition et tout se joue désormais dans votre camp. Revenez sur chaque chapitre de ce livre chaque fois que vous avez des difficultés pour vous y afférer aussi longtemps que vous en aurez besoin.

Je sais qu'au fond vous vous demandez comment Abel a pu vous écrire tout ceci alors que lui-même n'est pas millionnaire ? Détrompez-vous, je me suis aussi écrit à moi-même.

J'ai aussi écrit une lettre au succès mais je sais que je vis déjà dans le succès et l'abondance car ils ne viennent pas de l'extérieur mais bien de l'intérieur. La vraie richesse que nous avons est notre état d'esprit qui une fois stable et bien géré peut nous faire faire des miracles et des impossibles : comme déjà celui d'avoir été capable de confectionner un livre comme celui-ci mot après mot et phrase après phrase de ma façon.

Alors écrivez cette lettre au succès à votre vie et je vous donne rendez-vous au sommet. N'acceptez plus d'être surpris par votre vie, prenez les choses en main et commencez plutôt à la surprendre

Ne vous contredisez pas dans vos actions en agissant de façon inverse à vos désirs, à vos demandes et aspirations. Agissez comme si vous aviez déjà ce que vous voulez et la vie vous sourira toujours.

Le célèbre conférencier et coach financier américain **Napoléon Hill** parlant de comment les Etats Unis sont devenus riches et puissants l'a expliqué en ce terme:

"Le capital ne consiste pas seulement en l'argent mais aussi en des groupes d'hommes fortement organisés et intelligents qui élaborent des plans pour rendre l'argent profitable au public et à eux mêmes.Ces groupes d'hommes se composent des scientifiques, d'éducateurs, de chimistes, d'inventeurs, d'analystes d'affaire, de comptables, avocats...

Ils efrayent de nouveaux chemins, expérimentent dans de nouveaux domaines.

Ils financent les universités, les hopitaux, les écoles publiques, construisent de bonnes routes, éditent des journaux, soutiennent financièrement le gouvernement et s'occupent méticuleusement des détails essentiels au progrès de l'humanité". *Reflechissez et devenez riche,* pages 136,137 **Napoléon Hill**.

Le monde a besoin de ces groupes d'hommes qui ne pensent pas qu'à eux mêmes, qui ne veulent pas recolter là où ils n'ont pas semé, qui ne se nourrissent pas de corruption et vol, qui n'ont pas l'illicite et illégale comme quotidien...

Ces hommes dans votre genre, ces géants comme vous, une nouvelle génération des jeunes entrepreneurs et ambitieux qui s'inspireraient de votre réussite. Soyez cet homme pour votre famille. Soyez cet homme pour votre pays. Soyez cet homme pour le monde.

" La plus riche façon d'être riche est de se sentir riche chaque jour en étant rempli de gratitude pour ce que vous avez déjà."

TABLE DES MATIERES

Printed by Books on Demand GmbH, Norderstedt / Germany